U0094881

散戶投資上手的第一本書

投資股市最該懂的47件事，
教你買對賣對，抓住賺錢機會！

| 全新增訂版 |

Stock Investing in Taiwan for Dummies:
A Guide for Private Investors

散戶投資人導師
王力群——著

Contents

Chapter 1

買股前就知道，
買股後免懊惱的投資觀念

Chapter 2

搞懂台股潛規則

Chapter 3

進場前的準備：
如何擬定投資計畫？

Chapter 4

技術分析：
短線進出必備功夫

Chapter 5

操作策略：
操作是複雜的心理學

Chapter 6

投資，是頭腦與人性的雙修

投資的第一課：先修心，再修術

時間過得真快，轉眼已經是 2025 年。經過這幾年台股的洗禮，我有了一些新的感想，因此，藉著這本書重新修訂的機會，我想提供投資人兩個重要的建議：

第一，重視長期投資：如果你在股票市場中，不想花什麼力氣跟時間，那麼，至少要花一些時間去了解長期投資。因為，長期投資這件事情，原則上很簡單，但是每個人機緣不同——會有突如其來的誘惑、壓力甚至外界的干擾，所以他的麻煩事情是在「支節」。也就是說：投資人如果想做簡單的長期投資，但是因為個人機遇使然，會遇到一些奇奇怪怪的事情，妨礙自己堅持長期投資的策略。這些奇奇怪怪的事情，投資人最好先做心理準備。

第二，專業操盤需要高度專注與學習：若要做專業的操盤手，例如波段或大波段的專職交易者，如果你已經立定志向，願意全心全意努力認真學習這門的知識，那麼，這本書或許可以成為你的一個參考。

在美國總統大選過後，關於台灣股票市場的未來，我個人的看法，大概如下：

目前最大的利空，我的判斷是外資的態度偏空。主要是川普總統對台灣的國家政策、產業政策，目前看來，檯面上的消息是不利的，尤其是對於台積電。不過，我認為，兵來將擋，水來土淹，投資人不要過度的自己嚇自己。

未來產業發展，第一個當然是 AI 產業，也就是人工智能，第二個是新能源事業。當然，對台灣而言，最重要的還是 AI 產業。

對於短線操作，我的看法較為悲觀。建議短線以及波段操作的專業投資人，在 2025 年務必謹慎，因為操作難度顯著提升，與以往的台股市場的特性有很大不同。

台股這幾年，從某個角度來講，變得更複雜，這不僅僅是因為參與者的增加，也因為參與的動機更為多元。所以，投資人自己的心性要堅定，當然，正確的知識絕對不可以少。

不論台股未來怎麼變化，投資人應該要以長期投資為主。千萬不能夠因為長期投資要等待的時間太久，就去做短線——因為短線太難了，除非是非常專業、非常高超的境界，否則不要輕易涉入。

市場的變化在其次，最重要的是自己的長期投資知識是否正確？（有沒有跟短線投機的知識混淆在一起？）自己的心

理建設是否足夠？——這兩個是最重要的。換句話說，不能夠一昧地去預測市場，更重要的是堅定自己的心性、充實自己的智慧。

　　這本「散戶投資上手的第一本書」，聚焦於實戰技巧，而不是新手朋友應該知道的行政手續。關於股票市場幾點鐘開門、幾點鐘關門、如何下單……這些行政方面的問題，問你的營業員就可以了；如果沒有營業員，證交所歷年都有發行許多小冊子，你直接看就可以了。

　　我這本書，直接跟你談「如何在股票市場中立定腳跟、找到正確的學習大方向，如何培養真正的基本實力」……其他的，我不想廢話。

　　市面上許多流行的操作技巧，很多都是幼稚園的程度，表面上看起來很厲害，也被廣告渲染得很厲害，但是散戶萬萬想不到「投資技巧，重要的是操作這個技巧的人，他的整個人格與邏輯思想是否正確與成熟」——這本書，就是在培養你這個關鍵的贏家因子。

王力群

附註：我沒有在外面募集資金，也沒有在外面報明牌！請讀者小心網路詐騙！

買股前就知道，
買股後免懊惱的投資觀念

股票的性質是什麼？

股票價格的漲與跌是如何決定的？

常聽人說投資要長期，是否意思是買股票後放著不去管它？

而定期定額的投資方式，又蘊藏了什麼你我不知道的風險？

01 股市，不是發財天堂！

對於長中短期的投資者，風險觀念都應該放在第一順位做最
周密的考量。

　　首先要認清的是：股票買賣，就是一種商業行為，有人
買、有人賣，交易才能完成，市場才能存在。

　　所以在股票操作的觀念中，「買」與「賣」的分量應該是
相等的，而不是固執地以為「股票這種東西就是應該漲」，一
旦下跌，就認為「怎麼會這樣？」。如果無法認同股票的漲跌
本質（亦即市場的多空趨向），就是只知道上車而不知道下
車，眼巴巴看著股價漲上去（既然在漲，現在何必要賣呢？）
然後又看它跌下來（既然已經跌了，就長期持有等著翻本
吧）。這種投資想法嚴格來講並不能稱作商業行為（雖然長期
持有當然也有可能獲利），如果讀者們決心要花多一點的時間
投身於此，就必須先**了解股票市場絕非發財天堂**，而是充滿
「風險」之所在。對於長中短期的投資者，風險觀念都應該放
在第一順位做最周密的考量，也就是說：**股票的輸贏，取決**

於風險的控管，風險控管表面上取決於你對台灣股市是否有正確的觀念，實際上是看你到底貪不貪心，貪心則敗。首先，讓我來分享一下我當年作為一個股市新手時的進場心態。

三十多年前我初入股市時的「購買」心態就是：買這個東西會漲。一張股票隨著時間的消逝，它會變得愈來愈值錢，使我愈來愈富有，那麼——股票會不會貶值呢？當時我的答案是不會，理由有下列三項：

（1）人類的文明愈來愈進步，科技愈來愈發達，商業愈來愈興盛，台灣的產業經濟當然也是愈來愈蓬勃，公司的產能規模愈來愈大、獲利能力愈來愈強、股利愈來愈多，股票的價值當然也就愈來愈高。

（2）從小我接受的教育就是告訴我：「做股票要長期投資，不要理會短期的波動，因為就長期趨勢而言，股票都是在上漲的趨勢中（想一想美國道瓊工業指數從百年前的40幾點漲到現在的4萬多點）。」所以，做股票就是「買進，然後長期持有」。相似的論調，十多年後我又在美國股神巴菲特那裡聽到，當然，還有國內某知名投資書籍作者的著名理論：「隨時買、隨便買、不要賣。」（事實上這個理論只是陳述了片面的事實，不可盡信。）

（3）我初涉股市時正值國內大多頭時代，買股票成為全民運動（「賣股票」卻不是全民運動），既然全民財富已經與買進的股票緊密結合在一起，也就是全民財富牢牢與工商經濟共存共榮，如果股票下跌造成全民財富縮水，勢必帶來經濟風暴，政府身為國家領導中心，有責任保護全民財富（換言之，在政府英明的領導下，股票的未來必然看漲），試想：當年我買「台塑」（一股一百多元）、「國壽」（一股一千多元），這些台灣的產業龍頭公司當然絕無倒閉的可能，如果它們倒了，中華民國也就危險了，所以——股票下跌、市場崩盤、經濟萎縮的現象，政府絕對不容許發生。

以上三點理由，就是支持我當年買股票的動機，而且我認為自己的理由非常純正（事後證明並不完全正確），所以，1990年初我們家長輩提議賣股票的時候，我的立即反應是：「一旦賣掉股票，就好像殺掉會生金蛋的母雞，只為貪圖眼前一時的利益而斷送掉未來長遠的獲利遠景。」於是我義正辭嚴地拒絕賣出，甚至認為「賣股票」不但是不智之舉，而且是一種「不道德」的行為，試想：如果每個人都跟我一樣賣掉股票，市場不就崩盤了嗎？後來的結果，大家都知道，

當年 2 月從 12000 點摔下，8 個月跌了 10000 點，三十多年後的今天，絕大部分的股票即使經過這麼多年的配股配息，都沒辦法解當年 12000 點的套。

股市大崩盤，令我反省

過了許多年之後，我才逐漸明白當年的投資觀念是不對的，我的反省與修正如下所述：

(1) 就是因為人類的科技愈來愈發達，於是工商業的競爭淘汰也就愈來愈激烈，賣的東西愈來愈便宜，利潤愈來愈薄、股利愈來愈少，股票的價值當然也有可能是愈來愈低。學如逆水行舟，不進則退。不上進的公司當然會被時間所淘汰。

(2)「買進股票，然後長期持有。」這句話應該修正為「**買對股票，然後才能長期持有。**」至於九字真言：「隨時買、隨便買、不要賣。」應該補充幾句話：「隨時買可能買在最高點，隨便買可能買到地雷股，不要賣則可能終生套牢。」

(3) 股市雖然是經濟的窗口，但是股市崩盤卻不一定會造成經濟危機。1990 年大崩盤 10000 點，多少股民哀鴻遍野，但有聽說過什麼經濟大蕭條嗎？這麼多

家上市公司也沒有因為股價從一千多塊跌到十幾塊而倒閉。除非經營者把公司的錢拿去金融市場做風險操作，就會像1998年的地雷股公司一樣輪番下市。

經歷1990年那次崩盤後，使我不得不對股票這種東西重新思考。

既然成立股票集中交易市場，股票的價格（不是價值）就應該由市場的供需機制來決定，而不是單純地以為「台積電的晶圓代工未來看好，所以我認為台積電就應該有150元以上的『價值』，它就應該漲到150元，所以現在的價格100元當然被低估了。」如果大家都認同這種想法，一起買進台積電的股票使它真漲到了150元，那麼接下來將會發生什麼事呢？

按照上述想法推演的情形是：既然台積電的「未來」看好，那麼就從我看好的那一刻起，一直到永久的未來，它都是好股票，好股票就是會漲，沒有哪個笨蛋會把一隻正在生金蛋的金雞母給賣掉。所以，大家在股票市場的電視牆螢幕上看到的是：台積電天天有人掛單買進，卻無人掛賣，於是台積電這支股票呈現「**無量飆漲**」的情形，愈漲，投資人的財富就愈多，也就更沒人想賣，於是台積電的股價漲到了天

空，漲到了月球，於是，只有我跟在我之前買進的人才擁有台積電股票，後來想買的人不管他是黨政基金、股市大戶、主力炒手、法人券商、億萬富豪⋯⋯他們再有錢也買不到這支股票，因為它已經無量飆漲了。

結果真實發生的情況往往是：既然傳播媒體對台積電洋溢著一片歌功頌德的讚美聲，身為小散戶的我當然看好這支股票的未來，再打開報紙一看，嗯，它果然很高價，於是我跑到市場去買進這支股票，奇怪的是：這麼好的股票，我竟然買到了！到底是誰把股票賣給我呢？他們難道不知道這支股票還會再漲嗎？看看集中市場的交易大廳，好多人都沒去上班在這裡做股票買賣，再看看電視螢幕，個股成交量動輒出現幾十張、幾百張，甚至幾千張，這些都不是一般小散戶的有限財力所能為。原來台灣股票市場，有一大群超級有錢人每天上午閒著沒事在那裡大量買賣股票，造成股價劇烈波動，日子久了就變成超漲超跌。

大量買賣一定會造成價格的劇烈波動，其間的價差出現，才有利可圖，有些人說：「在股票市場中賺取價差是一種投機行為，我都是每年穩穩當當等著配發股利，這樣才能保證賺錢。」──這種說法並不完全正確，配發股利當天股價便除權，配發 2 塊股利的股價原來是 102 元，配完之後就變成 100 元，根本沒賺沒賠，何來獲利之有？**因為每年配發股**

利而發財的人，主要是他們有智慧（或運氣好）選對了值得投資的公司，而在長時間內股價穩定而不跌或是持續上漲，並不是說配股制度就一定保證獲利愈滾愈多。

投資人必須了解：股價之所以能夠漲上去，必須靠資金連續追進、堆砌。當然你可以說是經濟繁榮、技術革新造成上漲，但是我也可以把它說成是有錢人利用經濟繁榮、技術革新這些藉口（或稱題材），把股價炒高（畢竟他們是市場中勢力最龐大的購買力來源），此時，市場進入瘋狂追價狀態，散戶想到的就是：「買進，買進，發財，發財。」如此一來，股價漲跌就不是純粹產業經濟的基本面問題了，而要還給它一個本來面目：籌碼的供給與需求而已。更深一層的答案是：**股價之所以有漲跌，是因為「人性」的起伏變化。**

所以，投資人千萬不宜盲目樂觀。股票漲上去，「似乎」有一隻無形的大手在那裡推波助瀾；股票跌下去，也「似乎」有一隻無形的手在那裡打落水狗，這隻手其實是同一隻手，它是多空兩做，並不是只會買進而不懂賣出的單行道。一般散戶最大的弱點在於：股票上漲時理直氣壯，下跌時卻不知其所以然（往往在利多見報後才開始下跌），這種「善良」的個性完全不適合商場喊價殺價、弱肉強食的競爭原則，其宿命就是不斷被套牢，最後在絕望的下跌過程中認賠殺出。除

非你跟巴菲特一樣，不理會市場漲跌，只管研究公司好壞，這樣才能遠離股市塵囂——但是話又說回來，又有多少投資人可以抗拒股市的短期誘惑呢？

我想說的是：股市漲跌，確實是有一個道理存在（就是那隻無形的「大手」），這個道理就是**因緣果報**。但是這個果報（報應）是分長短期的。有時候一項利多只是短期的利多，長期來看反而是利空，所以長短解讀不一樣，投資人不要覺得驚訝。就好像借錢去上酒家，短期來看能一夜風流快活，長期來看可能一個晚上開了好幾瓶XO而欠債難還。一般散戶不清楚這個「週期長短不同，所以解讀不一樣」的道理，於是把自己的操盤觀念搞得一團混亂。

「多」與「空」，其實是一體兩面

「多」與「空」的觀念，不是敵對的，而是一體的兩面，本質上屬於同一種東西。市場大眾普遍認為上漲是天經地義（基本面好嘛），下跌則是可惡的空頭在打壓（市場投資人希望股票下跌的人多），造成我們的財產損失，事實上，**當有錢人大量買進股票之後，他就變成市場最大的空頭**（因為他遲早有一天是要賣的，除非他想做長期，問題是這些市場大戶的胃口不會這麼小，他們真正的目的並非投資，而是在金融操作中賺取來自價差的暴利），一旦有一天這些儲存大量股

票的「準空頭」聯合起來出清存貨，市場的賣壓將非同小可，絕非散戶「螞蟻搬大象」的力量所能挽救。所以，所謂「空頭」的觀念不僅只限於手中無股而向證券公司融券放空股票，更大的空頭力量是被法人、大股東、中實戶（投資額介於大戶和散戶之間的投資者）這些超級有錢人所掌控。

有人可能會認為股票在下跌時那些大戶的股票也在虧損，他們為什麼要認賠殺出，引爆沉重賣壓而造成市場悲慘的下跌呢？理由如下：

既然還會再跌，大戶當然要比散戶早一步停損，因為他們的存貨多，少則幾百張，多則幾萬張，不可能在一天之內賣光，所以要分開來賣，天天賣，而且在股市中，通常是上漲有量（人氣旺盛）、下跌量縮（人氣退潮），大戶在上漲的炒作過程中，需要大筆的資金不斷買進因濃厚多頭氣氛吸引而來的中短期投機客所釋出的大量籌碼，然而在下跌過程中由於空頭已成氣候，中短期投資者不堪虧損紛紛提前打道回府，**在日漸萎縮的成交量中，只要賣出較少量的股票，就可以將之前長時間拉抬的股價輕易地打至跌停，製造出更廉價的便宜貨。**

在股價漲到極致以後，社會大眾人手一張股票，該買的人都買了，不該買的人也買了，此時股票變成一種昂貴的

商品，能夠吸引人買它的第一個理由是「它會變得更貴更值錢」；第二個理由是「便宜」（奇怪的是：這兩個理由竟然完全相反）。既然買氣已竭，低廉的價格就是別無選擇的促銷手段，商家必須調降貨品標價——這是商業行為，與什麼「空頭打壓股價是可惡的」這種道德判斷無關，**集中市場是股票量販店，不是判決是非善惡的法院。**

值得注意的是：自從開放指數期貨商品市場之後，大戶可以先在期貨市場放空，然後在股票現貨市場倒貨，殺指數，如此一來，由於期貨市場的槓桿倍數約為股票市場現貨的5至10倍，所以在股票停損賣出的損失便可輕易地在期貨空單上獲得彌補，而且還反向加倍獲利。同樣的道理，如果大環境有利於上漲，法人大戶也可以買進指數期貨合約，然後猛力炒作現貨股價，短期內便可從期貨市場賺取數倍的暴利——由此可知，開放金融衍生性商品之後，法人大戶操控市場更如虎添翼，散戶的力量便日趨薄弱，為股票的漲跌現象做了更「利益化」的詮釋。

可惜的是：沒有多空觀念的散戶**在下跌的過程中認為股票「愈跌愈不值錢」，而不是認為股票「愈跌愈值錢」，**如果不叫散戶在絕望的殺盤中把他們的股票吐出，大戶們又哪裡有便宜貨可以撿呢？

很遺憾，台灣的上市公司為迎合一般散戶心理，特別喜

歡發放股票股利或辦理增資，亦即俗稱的「印股票換鈔票」，這種希望在短線上迅速得到配股，然後趁高價馬上出脫拿錢的心理造成籌碼大亂，滿天股票飛舞，在有限的金錢追求無限的商品之時，商品表面上看起來還很值錢（每年做一次除權行情，不是在除權前就是在除權後），實則價值貶損，為市場的潛在下跌預埋地雷，只待市場氣氛一旦反轉，股母股子一起變得不值錢，浮濫的籌碼在日後跌深反彈的拉抬過程中將造成「上漲後繼無力，下跌加速追殺」的負面效果。

於是，短線跟中線的股價漲跌遊戲，不但是景氣循環，更是主力大戶殺低買低，炒高賣高，一再重複的金錢遊戲，散戶如果不去了解漲跌背後主力蘊藏的心態，很容易被市場光怪陸離的現象搞得七葷八素（有時候爛股飆上天，好股卻頻頻殺破底），喪失自己判斷的能力，最後被主力玩弄於股掌之上。本來應該是坐主力的轎子，卻淪落為做主力的轎夫。如果能夠找到正確的技術方法，又能建立正確的心態，那麼，多空的觀念自然會在你心中建立起不帶感情、不受環境情緒影響的客觀研判功力，避免掉入死多頭或死空頭的陷阱。

多空觀念的一體成型為什麼能在市場上賺大錢？很簡單，試問：波段大漲前（多頭市場來臨前）的市場氣氛是如何？一定是空頭氣焰萬分囂張的悲觀時刻，或是剛經歷過一

次大空頭，散戶信心殆失，就算漲上去他也認為是假的，整個人心都是處在疑慮的不確定心態。如果你能明白多空本性，接受現實，就能夠在人心浮躁不安時毅然進場買進。換言之，你可趁一般散戶還在被空頭鬼魅夢裡纏身之時，早一步比他們轉變為多頭，這「早一步」的多空易位動作，就注定你將比別人早卡位、早上車，而且篤定獲利。同樣的道理，正當市場人心陶醉在大多頭的追價狂熱之中，你也能早一步由多翻空，出清存貨，把空中樓閣的大餅夢想兌現為實際的存款數字，然後在接下來豬羊變色的崩跌中免於受傷。

請記住：所謂**股市贏家，並不是在單筆交易中賺大錢的人，而是能在長期抗戰中規避最大殺傷力的人**——誰能夠受傷最輕微，誰就是最後的勝利者。

02 長期投資，讓人變傻了嗎？

長期投資雖有點「傻瓜投資術」的味道，但投資人絕不能因為買進股票後就「從此變成傻瓜」。

投資人的投資計畫應該超過五年以上才能稱為長期。在五年之內，股票價格的上下波動都不要理會，而應該注意投資基本面發生的變化。我知道這個標準很嚴格，但真正的長期投資，五年不為過。

在台灣，長期投資的虧錢風險是很大的，但是比短線交易的風險低。短線投資如果不節制交易次數，所承受的風險是最大的，因為要面臨詭譎多變的盤中行情，但是利潤也應該是最高的（這是就理論上而言，但實際情形則輸家居多）。短線投資人要具備金鐘罩、鐵布衫的外門硬功才能在每天殺進殺出中生存；中線的波段操作者也必須具備短線的技巧，以掌握波段的高低點，同時也應具備長線投資者的忍耐功夫。這兩種投資人因為身處市場波動，所以犯錯賠錢的機會相當多，相形之下，長線是較安全的投資法。

長期投資雖有點「傻瓜投資術」的味道，但投資人絕不能因為買進股票後就「從此變成傻瓜」，每隔一段時間檢查一下自己手中的股票是基本功課，不可輕忽。有些人沒有檢查，最後還是賺錢，那是運氣好，不可一概而論。

　　弔詭的是：由於長期投資的時間週期拉長，產業異動的變數增多，如果在公司經營團隊產生「致命性」的變化時仍然長期抱牢，其風險性將達到最高。

　　長期投資前的準備工作絕不可馬虎，首先，**可以投注的資金必須是手頭多餘的閒錢**，換成股票後不會因為常常需錢孔急而隨時有賣出的欲望，至於這筆資金所占全部存款的比重，不要超過50％，當然，絕不能向銀行貸款或向證券公司融資。

　　第二是**審慎選擇投資的公司**，這是長期投資最重要的一項工作，因為選擇到一家體質不佳的公司，買進之後又採取「長期抱牢的原則」把股票鎖在保險箱裡，無疑把投資的風險提升到極致。因為不會賣出，所以股票價格隨著公司的衰敗而日趨低落，到最後股票變成廢紙一張的可能性不是沒有。美國在20世紀初期的鐵路運輸股一度是市場交易的龍頭熱門股，後來隨著時代變遷，鐵路運輸公司一家一家消失，但是證券行情表上面不會印出過去有哪些公司經營不善而倒閉，投資人千萬不可以為台灣股票市場六十年來，都是由同一批

股票奮鬥出來的，檢視個股代號就可發現還是有許多公司消失了，例如：大明、煉鐵、國勝、光男，這些公司其中曾經也有過飆漲的歷史，也有極佳的獲利紀錄，卻可能在短時間內爆發危機，讓投資人措手不及。本世紀初的茂矽跟太電也是慘痛的案例。

在台灣，想要尋找長期投資的目標，如果你暫時不想搞的太複雜，則可以參考下列三種簡單步驟：

（1）**從報章雜誌以及公司年報中找出各類產業龍頭股的資料。**至少要知道公司歷年來配發多少股利、未來擴廠增建計畫，或者乾脆就挑選你平常就傾心仰慕的優秀企業家設立的公司。這些多半是績優的大型股，招牌老、資本雄厚，老闆雄才大略，股性的共同特徵不是飆漲狂漲，而是在超跌之後能夠穩健回升。投資這些股票比較放心，長期持有晚上也睡得著覺。這個方法的缺點是：可能獲利不會太高。因為投資一堆產業龍頭只是比較「安全」，不容易全部倒閉，但這些老牌公司可能缺乏爆發性的成長潛力。

（2）**不要選擇太少股票。**這麼多家上市公司，最少要挑5家，20家也不會太多，重點是：盡量不要挑到「短線的主力股」。有的人為了「分散風險」，攤開報紙

的證券版找一堆「熱門股」、「焦點股」然後就把錢
砸下去，殊不知那些都是走短線的股票，行情可能
過了今天，就沒有明天。長期投資的風險控管集中
在選股，花更多的時間去選擇一家體質健全的公司、
優秀的經營團隊才是風險控管。

（3）你也可以**找一種比較完整的、嚴密的操盤方法去照
著做**。我的建議是巴菲特的方法最好，比較適合散
戶。雖然巴菲特的選股方法也是有難度，但是如果
硬是要選的話，還是巴菲特的選股觀念比較正宗。

找到投資目標之後，再下來就是決定進場買進的時間。
什麼時候買？當然不是想買就買，一般民眾進場買股票的時
機可分為下列三種：

（1）**買在多頭行情的主升段及末升段**。此時大家一片看
好，報章雜誌也大肆渲染某些股票專家對今年的高
點預測，既然大家都說會漲（雖然股價已經漲上去
變得有點貴，但是將來還會更貴），投資者才會安心
進場買進，此種時機並非長期投資的好買點，因為
新加入的長期投資者，很可能對行情漲升的感受力
不如短線投機客那樣敏銳，當他們感覺到「股市真

正動起來了」的時候，往往就是這一波的末段噴出行情，接下來先是漲不上去，然後再反轉向下，長期投資者一投入資金便馬上套牢蒙受損失，所以這種「買在熱頭」上的方法我並不鼓勵。

（2）**股市暴跌後想去撿滿地的「便宜貨」**。理論上而言，撿便宜貨的心態完全正確，但是也要小心「暴跌之後經過短暫反彈還會繼續下跌」的可能性，也就是「現在很便宜，沒錯，但是將來還會更便宜」——不論如何，這種方法是我比較認同的長期投資法，簡單說就是「**買在大家都不看好的時候，而不是買在最熱鬧的時候**」，最好是已經不看好很久了。不過，並不是隨便亂撿的便宜貨都是好貨，平常就要做好研究、鎖定目標，等它跌下來，到一個合理的價位，就買進（至於什麼是「合理」的價位，則非常難以評估！所以長期投資的時間一定要「長」，時間愈長，當初買進的價位高低的重要性就會逐漸降低）。

（3）**不管是漲是跌，準備好錢就買，買了以後也不關心股價高低**。這種方法最大的危機是，不能保證你不是買在歷史高點。本來不去管股價高低是長期投資者應有的基本修養功夫，但是因為「不想關心未來的股價，所以也不在乎現在的股價是否過高，連帶

的也不在乎公司的基本面變化」這樣的心態並不值得鼓勵。

總之，長期投資的唯一必勝法則就是挑選到好股票（好股票在經歷過長時間以後的高價值會浮現，掩蓋當初買得不夠便宜的過錯）。當然，最好能在長期空頭的末跌段買進，但是這種機會要等。

講到這裡，我要跟大家說的是：台灣因為是淺碟型經濟，內需市場小，所以符合長期投資理想報酬率的股票很難找。這點是我的多年心得，不是潑冷水，而是提供讀者們做參考（龍頭股投資法只是比較安全一點而已，報酬率可能無法讓你滿意，甚至可能你會不屑一顧）。

03 | 什麼！ 定期定額投資，不安全？

投資人當初買進一籃子股票是為了懶得選股，分散風險，而這些理由都在暗盤交易或過熱的短線動作中打了折扣。

近十多年來投資於國內股票市場的開放型共同基金盛行，不過我並不積極鼓勵，**尤其是定期定額的投資方式，具有相當的風險缺失**。

大部分的人買共同基金，是因為買基金等於是買一籃子股票，投資人把錢交給經理人去操盤，總比自己做來得好。

我的質疑是：投資共同基金的人，幾乎都是打算做至少一年以上的長期投資，既然是長期投資國內股票，就要盡量避免炒短線，很不幸的，國內大部分此類基金均極熱衷於短線進出，換股動作頻繁，而投信基金的規模較大，倉位建立不易，又必須建立基本持股，在資金規模及團隊研究不如外資、短線操作靈活度又不如自營商心狠手辣與光明正大（投信頂著長期投資的道德光環，自營商則擺明了殺進殺出純粹為賺取價差利潤），無怪乎國內投信基金近年來績效不能如

意。**投資人當初買進一籃子股票是為了懶得選股，分散風險，而這些理由都在暗盤交易或過熱的短線動作中打了折扣。**

但是，即使是短線操作，如果基金經理人真的是一流操盤高手，相信也能搏取相當大的利潤，不過非常遺憾的，國內的部分投信公司仍然存在老闆干預專職經理人操盤，甚至直接「命令」經理人要花多少錢買哪一支股票，在這種情況下，優秀經理人無法堅持信念，發揮他的專業長才，如不肯妥協聽命辦事，到最後就只有自行捲舖蓋走路。

另一種壞現象是，不肖經理人勾結市場或公司派主力進行所謂鎖籌碼、換單、認養的炒作行為，拿著投資大眾的錢去買進一些實質基本面不佳，卻會製造炒作題材的公司股票，一旦多頭波段結束，行情反轉直下，這些沒有基本面的股票都將以暴跌來做修正，投資人的錢將蒙受更大的損失。

以上所論均為台灣股市不健全所引起的惡劣現象，而**同業之間過度在乎短期操作績效誰是第一、誰是第二，更助長了基金炒短的現象**，所以我建議長期投資人還是一步一腳印，寧願自己花點時間研究，好好選股，也不要將金錢全部交給台灣尚未健全的投資機構（名牌大公司也不例外），頂多三分之一即可。

當然，優秀的基金經理人必須搭配賞識他的投信公司老

闊，這樣的組合在國內未嘗沒有，但畢竟不是多數，也不全是赫赫有名的大公司。在多數的投資人想要選擇少數的優秀投信公司，選錯的機會將大為提高，而長期投資最重要的就是「安全獲利」，投資基金由於是把錢交給別人去處理，所以安全性應該遠比報酬率來得重要。

如果真的無法直接投資股票，非買基金不可，我建議投資人不要買太多家，二至三家即可。購買了以後，投資人可以稍微忽略每月的操作績效評比，而應該密切注意基金經理人是否更換，畢竟他是幫你賺錢的人，一旦基金經理人突然離去，而離職原因可能偏向負面因素居多的話（這類情報消息，投資人只能自己從報刊中注意蛛絲馬跡，我在此無法提供簡捷方法），此時建議投資人應考慮贖回。

04 股市是鼓勵投機的場域？

大部分市場投資人「健康樂觀」的「多頭道德觀」，與傳統社
會偏保守的「空頭道德觀」是互相衝突的。

著名的經濟學家王作榮教授曾經說過：「台灣股票市場先
天不健全、不公平，充滿了詐騙與誘拐，是一個人吃人的市
場。」早在1985年股市大多頭行情來臨之前，一般國民對股
市的觀念也好不到哪裡去，總認為那是賭場，而且還是一個
會作弊的超級大賭場。

這種觀念對了一半，因為台灣還是有許多股實勤奮的企
業家，很努力地開創事業，帶動了台灣的經濟發展，他們的
公司當然有投資價值，大環境雖然缺點很多，但是一竿子打
翻一船人也不公平。

本書寫作的重要目的之一，就是點出股市中一些「不道
德」之所在（譬如：拉高出貨、利多哄抬、邊拉邊出、鎖碼
炒作，都可以畫分為不道德的範疇），把它們都歸納進「基本
認識」的課程，認清事實、打好基礎，就可以避免許多損失。

話再說回來，股市中之所以有那麼多不道德的成分，就是因為它的利益實在太驚人，**輸贏巨大**，但儘管外界對於股市有這麼多的非議與責備，身處其中的散戶卻有一套他們自己的道德觀，也就是：「投資正確，上漲有理」，引申開來，反正股市就是只能漲不能跌，跌「太多」的時候就會要政府出來護盤。

　　事實上，**大部分市場投資人這種「健康樂觀」的「多頭道德觀」，與傳統社會偏保守的「空頭道德觀」是互相衝突的**。這種衝突在平常還不易察覺，一旦大多頭行情漲到歷史天價，這種保守的空頭道德觀就會出來糾正、制止市場過度「投資」、遏退貪慾，然後就是全面性的懲罰教育——崩盤。

　　首先，我們從投資人的「多頭道德觀」談起。

　　買股票的投資人最討厭的人，就是利用融券放空的空頭，他們的罪名是「打壓行情、幸災樂禍，把自己的快樂建築在別人的痛苦上」，但是空方也可以用以下理由反駁：

（1）空方的「潑冷水」動作對行情有降溫的功效，使市場恢復冷靜理智。

（2）空方的壓制使多方可以買到更便宜的股票，賺更多的錢。

（3）行情下跌時，空方的回補買盤使股價獲得支撐，此時的空頭又變成多頭，而且還是「雪中送炭」的多頭，跟一般「趨吉避凶」、「買漲殺跌」、「錦上添花」的多頭比起來，實在有價值，而且富愛心。

　　多方也許會反駁說空方經常亂放謠言，唯恐天下不亂，製造恐慌，但是多方在拉抬股價時，不也是財報不實、盈利灌水、亂放利多，藉以達成炒作目的的嗎？1998年的金融風暴，多少上市公司外強中乾、粉飾太平的結果是炒高的股價一路崩跌，使投資人蒙受極大的損失。而且後遺症一直延續到2013年。中國大陸的股市自從2007年下跌後，到2013年都無起色，主要原因之一就是在於「假帳太多」，企業做報表不誠實，亂炒一通，而缺乏實質的長久基本面。

　　所以，在市場的機制範圍內，多空本為一體，只是因時空不同而暫時易位而已，實在不需要五十步笑百步，自家人嘲笑自家人。

　　如果空方是屬於不道德的話，那麼不論行情多好，多方都不應該賣出，因為在高檔賣股票，買下股票的人也很容易被套，遭受損失與痛苦，而在賣出的那一刻，多頭立刻就變成「罪惡的」空頭，實在沒有理由去指責別人。

　　結論是：一切交給市場機制，跌多了會漲、漲多了就跌；

趨勢走多禁止做空，趨勢走空減少做多或不做。在一個藉買賣行為來調整商品價格的自由市場裡，沒有必要，也不應該用太多的道德帽子互相指責。

其次再談社會上的「空頭道德觀」。要先確立的一點是：「市場之內難見道德」，然而市場之外的道德觀確有它幾分道理的。

股價飆漲到某一高處時，全國上下都看到它的有利可圖，然後所有的錢都會湧入股市，投資人甚至會無心於本業崗位，滿腦子都在想怎樣賺價差，其他行業的微薄薪水變得卑賤不足道，整個社會人心浮動，不耐任事，社會結構至此已經失去平衡，大幅度的廓清修正勢所難免。

我奉勸投資人把社會道德的偏空喊話，也看成是股市的正常調節機制之一（雖然那時候飆漲的氣氛會讓很多人覺得股市不正常），故需時時心存戒心，做好風險管理，千萬莫做死多頭，除非你挑到百年好股。

至於指責股市為投機天堂、世界大賭場的負面批評，也是太過，當然股市中有許多做短線的投機分子，但如果沒有這些人帶來的熱錢，股價也很難漲得上去。

我沒有辦法在此鼓勵國民人人投資股市，賺取財富，改善生計、創造幸福，但隨著專業經理人制度的建立與改進，

一般散戶賠錢的機率一定會減低，而不論你是自己操盤，或是交給專家處理，都必須做到**見好就收**，否則，社會教育的「道德懲罰」來臨時，不管是大貪還是小貪，被騙或是甘心，都是一視同仁，嚴刑打壓、逼你吐股，聰明的人還是避開為妙（除非挑到百年好股）；不過有**低點時千萬要記得把好公司的股票買回來**，也算「雪中送炭」的正確投資。

05 外資與熱錢

外資在台股指數期貨市場的淨多與淨空部位，是波段操作一個重要的指標。

外資在台灣股票市場的資金進出，常被視為熱錢，而這幾年來也產生了一些變化。

外資操作的手法，屬於大資金操作法（一般散戶是小資金，荷包很淺，資金沒辦法靈活調度，所以在短線跟波段操作方面，比較吃虧）。

根據我個人的了解，外資操作的特點大概有下列三點：

（1）外資資金龐大，大資金操作法跟小資金操作法是不一樣的。如果資金大到某一個程度，就整個大盤而言，他是可以向下攤平買進，以及往上加碼放空的。

（2）以往經驗中的外資操作特點：就波段而言，外資布局勝利的機率超過五成。那麼，如果失敗了呢？他不一定會馬上認賠，而是採取：「多單被套牢時就向

下攤平，越買越多；空單被軋時就往上加碼，擴大部位。」這種方式的好處是，將來如果市場真的大漲或大跌時，他的部位可能已達到最高峰，從而獲取更大回報。

（3）以往的案例，外資建立的部位往往相當可觀！但在近幾年這個大多頭，外資的部位，並沒有我們想像的那麼多。這是不是因為外資也沒有看得太好？……我不知道。（我認為這個問題沒有那麼重要，關鍵是做好我們自己的操作。）

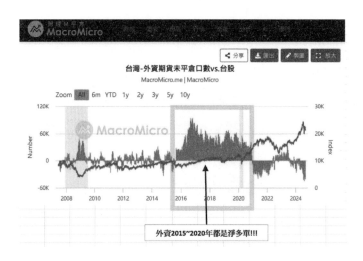

以上講的是以前。那麼，這幾年的外資，有什麼樣的新變化呢？對我這個注重「實踐，結果」的人而言，我整理出幾個我自己的新看法，與讀者分享——

A、 我覺得外資這幾年的操作，越來越乾淨俐落。也就是比較沒有拖泥帶水。

B、 我覺得外資這幾年的操作，比較明顯，心機沒有那麼多。最明顯的就是：在這個大多頭當中，基本上，指數都很抗跌！所謂的抗跌，在看盤的時候如果多加注意，一定可以發現。尤其是在加權指數的期貨指數盤，你可以很快地發現，只要殺下去之後，反彈的速度、力道，以及成交量，都比以前要強烈，成交量也放大。

這就有點像「灰犀牛理論」，一個很明顯的事實放在你眼前，就看自己的腦子清不清楚、態度夠不夠公正、眼光夠不夠銳利、個性夠不夠果斷……然後做出判斷。

結論：外資在台股指數期貨市場的淨多與淨空部位，確實是波段操作一個重要的指標。但是，這個指標，往往會跟交易者本人原來的知識相衝突！——**絕大多數的交易者，之所以沒有辦法善加利用外資指標，主要是因為被別的東西干擾到了。**也就是說，這其中最大的阻礙，往往是來自於自己原先熟悉的知識。成見的阻擋，造成我們沒有辦法把一個好的指標的正面功效發揮出來。

06 「散戶的長期投資」七大關鍵原則

手中有股票，心中無股價。把命運交給「全球經濟長期向上」這個大趨勢吧。

　　這些年來，我碰到了許多案例，從投資人的身上，重新整理出一套「比較適合一般散戶」（而非專職交易者）的長期投資方法，歸納如下：

第一，使用閒錢，不借貸

　　檢查自己手上的資金。既然是長期投資，當然應該使用閒錢，也就是不影響生活的可自由支配資金。換句話說，不要使用借來的錢。

第二，遵守二分之一法則或三分之二原則

　　既然是閒錢，也就是現金，那麼是否應該全部投入長期投資呢？美國著名操盤手傑西‧李佛摩建議：「用一半就好。」這被稱為「二分之一法則」，也就是保持一半現金的實力。我個人的建議是：一半也好，最多不超過三分之二，視個人風

險承受能力而定。

第三，選擇投資商品

既然是長期投資，我的建議是：對於一般散戶，優先考慮「買進一籃子股票」或「指數型商品」，例如台灣的「0050」或「XX正2」等ETF產品，這些應該都算是分散投資。因為一籃子股票的概念是同時持有多家公司股票，而ETF也是基於這種分散投資的原則。（如果不是分散投資，而是僅投資少數幾支個股進行長期投資，那麼就比較麻煩，本文不作深入探討。）

第四，一次買進vs分批買進

如果選擇一次買進，最好在股市大幅下跌、大家普遍悲觀甚至絕望的時候進場。但這樣的做法仍有風險，因為一般投資者的觀察與判斷往往不夠精確。因此，我建議分批買進，這樣更穩妥，具體請參考第五條。

第五，定期定額、逐月買進

現在流行的「定期定額、逐月買進」，其實就是一種分散投資的方式。許多上班族採用這種方法，其優點是：即使不幸在高點買入，至少還有時間和機會逐步降低成本。不過，採用定期定額的策略，投資時間需要拉長，最好超過十年以上，每月少量買進，持之以恆。

第六，持有時間

既然是長期投資，我建議一般散戶把命運交給「人類的努力是有希望的，全球經濟長期向上」這個大趨勢吧。也就是：「手中有股票，心中無股價」。因為你投資的是一籃子股票，不至於那麼倒楣全部的股票都下市。

一般而言，長期投資至少需要三年以上。根據台灣過去的歷史，長期投資者應該做好心理準備，可能需要持有十年以上，除非運氣特別好，能在低點入場。

第七，賣出時機

賣點的選擇是一大難題，但只要耐心等待，通常只是賺多賺少的問題而已，毋須過度擔心。話說回來，如果過度擔心，這種心態，就不適合做長期投資了。

以上的建議，主要針對一般投資人，而非專業或全職交易者。

專業交易者更注重選股，但對散戶來說，選股過於困難。我自己在二十多年前進行長期投資時，採用集中投資策略，只選擇兩到三支股票（台積電、台達電、統一超）。其中，台達電最早賣出，統一超商於2018年賣出，台積電則於2022年賣出後換成ETF。

然而，自2010年後，我逐漸意識到，對一般散戶而言，

選股是一件相當困難的事。因為選來選去，選到的都是跟自己「有緣」的股票，而很難用清醒的理智去做客觀的判斷。因此，我才補充了這一篇的方法，希望能對讀者有所幫助。

搞懂台股潛規則

台灣的股市,有何特性?

跟著三大法人的動向做買賣,對嗎?

選舉行情和護盤基金等政治面的消息,到底有沒有參考價值?

07 台灣股市，有何特性？

台灣股市的漲跌劇烈，訊號明顯，聰明的投資人應善用這種環境。

　　台股是很有特色的市場，很好玩，規律也有，但不想學習的人除非祖上積德，否則一定賺不到錢。

特色一：台股是比較封閉的市場

　　政府在1949年遷來台灣後，面對敏感的特殊政治環境，為了安全著想，台灣的金融界當然也就比較閉關自守。近年來，雖然逐步開放外資，但是外國人的進出動作還是受到政府的嚴密監視，限制也多。以政府的立場來看：一個封閉的市場比較好控制，裡面的錢不容易跑出去，外頭的熱錢也不能隨便進來胡搞；能夠進來的，都是掛了號碼列管。

　　既然封閉，資金的來去就容易觀察：錢來了就漲，錢跑了就跌，不像國際股市多國交戰，各路人馬各懷鬼胎，更有避險基金從中攪和（藉放空獲利），情況不易掌控。

既然封閉，誰的錢最多誰就是老大，所以從古到今都有一堆人喜歡跟著大戶跑，問題是：**大戶不一定是贏家（贏家也不一定是大戶）。**

特色二：台股是波動很大的市場

　　散戶，台灣最多；當沖（當日沖銷，在當日就同一檔股票做買進、賣出的動作），台灣最愛，兩種條件造就了台灣股市的每日巨額的成交量，名列世界前茅。在這種錢多人多熱鬧滾滾的市場，股價起伏劇烈，加上中國商人靈活多詐的買賣伎倆，台股的心理戰異常慘烈。大致而言，聰慧狡獪的人容易賺到錢，大智若愚的人也容易賺到錢，他們是「利用熱鬧找錢賺」的成功者；此外就是湊熱鬧的、喜歡錦上添花的散戶，他們是「被熱鬧淹沒坑殺」的失敗者。

　　更甚者，台灣股民喜歡借錢買進（以前用融資，現在用現金卡借），胡亂擴充信用倍數，以致在行情下跌時因融資追繳或斷頭造成「多殺多」而加劇跌勢，形成暴跌，使得在台股做空者也可獲得不錯的利潤。

　　從2012年之後，因為成交量降低，所以台股的波動性減弱。這其中有一個意義是：台股逐漸邁入成熟市場。這未嘗不是一件好事，因為在比較成熟的市場中，真正值得長期投資的好股票才容易出頭。近年來很多投資人把注意力轉到「賺

取股利」的觀點（而不是賺取波動價差），這就是一個訊號。

特色三：台股只有四個半小時的交易時間

外國股市多是上、下午均有交易，比較公平。台灣盤只到下午一點半，散戶多半是在上午玩玩，如要留倉，得承受下午消息面變化的風險，而法人大戶主力們往往利用「下午茶」與媒體記者「交際」，放消息做行情，這一點對散戶頗不公平。

不過，既然台股以散戶居多，為了國民健康著想，交易時間也不宜過長。歐美股市以法人為主，經理人的職業就是操盤，承受長時間的壓力緊張是他們的工作，台灣的菜籃族與老榮民就不適合這麼辛苦了。

事實上，對於「四個半小時交易時間」，技術分析者較占優勢。因為只有四個半小時，個中三昧變化比較好研究，不像外國，七、八個小時的走勢圖攤開來，眼睛都花了。

總而言之，台灣股市的漲跌劇烈，訊號明顯，聰明的投資人應善用這種「規模小、資金多」的環境，抓住買賣點，然後耐心等待下一次機會，因為它既然暴漲暴跌，表示歷史會一再重演，**新手不要怕等不到買點，老手也不要過分恐懼等不到賣點。**

08 「除權」到底對股市好不好？

選股還是要注重基本面，過分期望除權行情帶來飆升，心態上是犯錯的。

　　台灣股市的除權[1]很喜歡發放股票股利，在古老的年代中，大概在2009年之前，這個舉動對股票本身而言，會有一個缺點：此舉會使籌碼浮濫、稀釋每股獲利，使股市加速成熟老化。尤其是配股中「資配」分量較重的公司，等於是賣祖產換錢，要注意一下。

　　但是對台股的炒手而言，繁殖股子股孫的除權實在很棒，因為它可以使股價打折，變得更「便宜」（當然，權值還原後根本是原價未變，標準的朝三暮四，可是在心理層面上它就是變得便宜了），只要股價往下掉，就有上漲的空間。

　　對炒手而言，長期的籌碼面供應問題可以暫時忽略，重要的是：以前的散戶迷信「除權行情」，相信好的股票可以填

---

1. 企業盈餘以股票的形式，依一定比例分配股票給股東，此時增加公司的總股數。如企業以分配「現金股利」的方式給股東，此時則稱為「除息」。

權，使他們獲利。

至於**除權行情到底靈不靈呢？主要看大盤的大趨勢方向，次要看個股的公司產業基本面，最後看主力的護盤實力（有護盤決心者，未必有護盤實力）**。多頭市場容易填權，空頭市場容易貼權，這是很簡單的道理。有些個股會一枝獨秀完成填權使命，這並不表示它是最好的股票，也有可能只是一時具有短暫的新聞題材可供炒作罷了。

我給新手的結論是：**選股還是要注重基本面，過分期望除權行情帶來飆升，心態上是犯錯的。**

有一種短線的「除權前介入法」，只賺除權前股價拉高的那一小段——這一招是不錯，也很猛，但是短線的狀況多，對於新人來講，還是要多磨練一段時間之後再來討論這種老手的招式。切忌一入門就好高騖遠。

09 三大法人的買賣進出，如何看待？

股市的致勝要訣在於自己的觀念要正確，而不是做別人昨天做過的事情。

　　參考三大法人的進出，當然可以，不過要非常小心，尤其是外資：可以參考研究，但不能迷信。首先必須了解三大法人的操作特性。

外資：台股背後的風向操盤手

　　外資是僅次於政府的最大主力，在台灣股市數次發揮其呼風喚雨、喊水凍結的影響力。外資的錢非常多，多到如果被套牢的話，還可以硬做行情拉上去解套。面對這種大兵團作戰方式，**投資人的觀察方向應是「宜長不宜短」，盡量用較廣遠的視野來思考外資的大策略跟大方向**，切莫看到報紙刊載外資對某支股票賣超，第二天就急急忙忙把該支股票賣掉。

　　以台積電為例，它是摩根成分股中權值最重者，拉抬此股等於拉抬指數，拉抬指數就可拉高期貨，故看到外資連續

買超台積電，表示外資可能採取「買現貨以拉期貨」的手法；反之，大賣台積電，表示壓低指數期貨，賺取先前放空期貨的利潤。

所以，外資在大型股的買賣超較具有參考的指標意義，散戶可觀察盤中大摩股強弱，來追蹤外資在期貨和現貨兩個市場互相利用的靈活手法，藉以判斷大盤指數的未來方向。至於個股買賣超，應把它當作「族群股」視之，譬如台積電屬於「指數成分股」。散戶如果想在單一個股賺取利潤，為避免胡思亂想、拿著雞毛當令箭，建議你拋開外資的買賣進出表，單純從個股的量價分析切入即可。

結論：當外資買了一大堆股票，卻一直遲遲未脫手的時候，散戶別高興得太早，因為當外資一路從底部買上來，他可能在期貨市場已經賺翻了，庫存的一大堆現貨就等著賣出壓低指數，再從上往下賺一次放空期貨的行情。

投信：資金規模較大的散戶

投信的特色有三點：

（1）對政策過度敏感。敏感是要有，但過度就不好。

（2）投信態度基本上傾向於「固執的多頭」。事實上股市行情有漲有跌，死多頭或死空頭都是不正確的心態，

但是由於國內投信有規定基金持股比例，又有暗盤默契，所以通常在傳播媒體上，他們的分析師或主管多半是大力鼓吹多頭主義，一方面是為了募集基金的生意著想，另一方面是逃避責任，因為散戶買進股票或基金如果被套牢，會捨不得殺掉而耐心等待，而且**散戶會把下跌的罪過歸咎於消息面、政治面等大環境，而不肯檢討自己的過錯**。如果有人事先預言下跌而使得投資人裹足不前，而後預言不準，或是預言過早，投資人就會因為錯過北上列車而歸罪那些原先看壞行情的人。

（3）最容易犯追高殺低的毛病。在三大法人中，外資由於研究團隊紮實，資金最雄厚，所以可以做到真正的持股抱牢，自營商的任務本來就是短線調節市場，唯有投信往往上受制於老闆的壓力，下受困於投資人的贖回賣壓，兩面不討好，常常身不由己。我對於某些投信高官非常感冒，他們往往只是財團的首領罷了，並不懂專業的金融操作，卻要求旗下基金經理人買這個賣那個，換股頻繁的情況下自然容易追高殺低，最後吃虧的還是投資人。總之，**整體投信的表現不如外資，不妨把他們看成是較大的散戶**。

自營商：短線高手

　　自營商的作風就是短線，不論叫它「操作」或是「炒作」，他們的資金雖不龐大，但是手法卻比較慓悍，壓低買進時製造反彈行情，逢高殺股時倒貨絕不手軟。散戶碰到自營商主導的「業內盤」，最好是敬而遠之，或淺嘗即可，避免介入過深，因為業內的操盤手法過於快速，持股的心理建設須十分堅定，否則很容易被低檔洗掉，或套於高檔，跟著他做嫌自己不夠靈活，跟他對作通常會死得很難看。

　　話說了一大堆，新手要怎麼看待三大法人的買賣進出表呢？

　　我的答案很簡單，**新手瞄個幾眼就好了，不必太放在心上**，散戶多去學點量價分析之類的基本功夫，總比跟在法人的屁股後面跑要好得多了。股市的致勝要訣在於自己的觀念要正確，而不是做別人昨天做過的事情。

　　等到你的基本功夫有了一定的基礎，有了正確的操作系統之後，才可以回過頭來研究法人的方法。此時，我建議以研究外資的操盤法為主。我個人當年是先研究外資在指數期貨的操作方法，再去研究外資對於個股公司營運狀況的追蹤方法。

10 散戶，一定比法人吃虧？

散戶的資金較少，股票少，可以在短時間內一下子殺進殺出好幾次，如果眼光準手段狠，報酬率可以用倍數計算。

　　散戶，一定比法人吃虧嗎？未必如此！以報酬率而言，在許多情況下，**散戶操作可以比法人更靈活、更有效率**。因為散戶的資金較少，股票少，可以在短時間內一下子殺進殺出好幾次，如果眼光準手段狠，報酬率可以用倍數計算。法人因為資金多，部位龐大，需要較多的時間來進貨出貨，操作上較受限制。

　　有人會認為法人的資金可觀，可以一路用「向上滾雪球法」往上買，再用三角形向下攤平法一路往下賣。換言之，只要金錢不斷供應，就算股價往下跌，他們也有資金來做底部攤平，但是有些法人在下跌的過程中，還是會做停損的動作而不會一味攤平，更何況在這期間先前買進的股票基本面難保不發生變化，那時候法人的倒貨會令人瞠目結舌。

　　此外，以中長線而言，散戶可以在一年中選擇最佳時機

出手個兩三次即可，次數太多就是貪心！法人是職業上班族，買進賣出是這些金融白領階級的工作，既然進出的機會多，風險自然升高，但是他們錢多，失敗一次還可以再來，小散戶則未必。

要提醒散戶的是：自從開放指數期貨之後，法人在現貨與期貨之間相互拉抬或翹翹板式的套利行為相當靈活，可以彌補其在現貨股票市場部位滯重遲緩的缺點，散戶不可不知，因為**現在的散戶窮，沒有第二套資金作避險，容易吃虧**。

11 老師在講，我們該不該聽？

對待傳媒最正確的態度，就是參考它的「數字」資料，而不是「文字」分析。

　　對於散戶而言，報紙和電視是最便捷的消息來源了，也因為這兩種工具普遍且廉價，在此有三點奉勸大家：

（1）**傳播媒體就是傳播媒體，絕不是教科書。**對於股市新手而言，傳媒上的一些分析文章的確是很方便的學習資料，但是萬萬不可以全然相信，因為傳媒的消息來源實在是太雜太多了，可信度存疑。散戶要學習做股票，就要長期追蹤傳媒上的文章或談話究竟有多高的靈驗度，很可惜的是：大家都沒那個耐心做長期考核（大概需要一年以上），既然沒耐心，就不要那麼老實隨便相信別人。

　　對待傳媒最正確的態度，就是參考它的「數字」資料，而不是「文字」分析，諸如「融資融券餘額表」、

「個股最高價最低價」，這些數字都值得多去了解。在不閱讀數據之前，就想抄捷徑直接獲取明天是漲是跌的結論，是錯誤的操作態度。

（2）財經節目的分析師近年來素質如江河日下，如果自己沒有篩選的能力，乾脆就全部都不要看。現在的財經節目有沒有真正的好老師呢？也許有吧。但是也需要長期追蹤才能挑選出真正的良師，這得花費相當多的時間，有力氣的散戶做得到就做，做不到的，建議把電視機關掉。

（3）**愈是專業的金融報紙，應該是提供更多的數字與圖表才對**，如果做不到這點，散戶閱讀時最好心存戒心。有些報紙專欄長篇大論、引經據典，但內容多半是一般民眾不甚了解的經濟學或艱澀的產業分析，看起來是蠻唬人的，但試問散戶有辨誤的能力嗎？

總之，散戶必須拋棄病急亂投醫的心理，對於媒體如山似海的資料，抱著「戒慎恐懼」的態度，切不可全然盡信。

最後要指出一點散戶最常犯的致命傷，那就是從媒體上尋找自己的「同路人」，以便增加自己的持股信心或延續以往的操作方向，這點無疑是非常危險的，如果你偏多，你就會

有意無意的去尋找支持多頭的樂觀文章；如果你偏空，也會去尋找相似的悲觀論調以安慰自己。如果你曾經發生過這種狀況而受傷，以後千萬要記取教訓。市場是一個無情的機制，它絕對不會因為你拉了另外一個夥伴壯膽，而對你的錯誤網開一面。

12 政府到底會不會製造選舉行情？

選舉的種種消息，雖然會干擾股市，但是阻止不了市場的大趨勢。

你首先要知道兩項基本原則：

（1）如果市場的大勢是往下，則主力會藉著散戶對選舉行情利多的預期心理，在反彈波拉高出貨。換言之，選前已經漲過，選後就容易跌。

（2）如果大勢往上，也就是說本來就應該漲，又何勞政府花錢打造行情呢？

進一步分析如下：

（3）選舉前如果政黨競爭激烈，各路人馬都需要資金扳倒對手，政治鬥爭會造成股市資金失血，很難有大行情。

（4）選舉結果若是執政黨獲勝，就一定會有行情嗎？不一定，因為執政黨勝利，有時並不代表我們的政治利多，因為執政黨不一定會愈來愈優秀。

（5）選舉結果若是反對黨獲勝，就一定得賣股票嗎？不一定，因為反對黨勝利，有時並不代表我們的政治利空，而是代表我們的民主制度會因為反對勢力茁壯而更趨成熟。

（6）愈靠近選舉日（或是選後第一天），如果股市產生暴漲暴跌的情況，投資人最好先退出觀望一下，等待政治消息面稍微穩定後再進場，以免在震盪行情中左右挨耳光（能夠在消息面影響的暴漲暴跌行情中搶反彈及做短空的人，不是普通的高手，一般的散戶學不來的，也最好不要去學）。

（7）選舉前如果政黨競爭激烈，選舉後資金會回籠股市，有機會上漲，但不保證會有大行情，還是要看經濟基本面。

我給投資人的建議是：做股票就做股票，不要抱太多幻想。金融市場這個東西，對「政治利多」的反應多是持平（愈是自由民主的國家，股市愈是回歸到它的市場性），相反的，對於政治利空的反應卻是很敏感，比較容易跌。

有的人把歷年來的選舉行情列表出來，統計一下選前選後的漲跌幅，這種方法我不認同，除非再加上當時的景氣趨勢與籌碼面分析才比較客觀，否則，投資人可能只知道歷史的結果，而喪失了分析歷史形成的原因。

　　台股經過這麼多年的歷練，政府的操盤者並沒有變得更聰明，原因是改朝換代，或者是調職，然而其根本的原因其實就是：他們並沒有操盤的實力，只是錢多而已。所以對於他們的操作方法並不能寄予厚望。選舉的種種消息，雖然會干擾股市，但是阻止不了市場的大趨勢（只是遲早發動的問題），所以，散戶千萬不要用單純的政治面來看選舉，政治面只是影響漲跌的一個因素而已，你可能忽略了很多其他的無形因素。

13 能不能跟著「護盤基金」買股票？

股市下跌時，散戶就是靜待它自然落底，不要隨便搶反彈。

　　首先要釐清的是：政府應不應該拿廣大人民的血汗錢，在股市下跌的時候去大買股票？

　　同樣是金融交易，匯市比股市重要得多。股票這個東西，漲多了就跌，跌多了就漲，循環不已，散戶應該用閒錢去投資股市，而不應該過分舉債買股，企業家也應該少做質押股票擴張信用的危險事，專心經營本業才對。但匯市就不同，它直接關係著一個國家的進出口貿易，影響之巨，不可小看。

　　因此，我認為，以1997、1998年金融風暴為例，央行對於匯市的干預關係著一國貨幣政策，所以干預有理。然而，對於股市的干預則大可不必。事實也證明，1998年底護盤基金從7400點一路敗退至5422點，護盤動作完全失敗，最後是靠股市「自然落底」後的大反彈，才使投資人鬆了一口氣。

　　即使是1990年股市從12000點大崩盤，跌了10000點，

台灣經濟也沒有就此完蛋。

以1995年台海危機案例，我們試想政府基金護盤的幾點理由：

（1）為防止中共在本島金融市場搞陰謀破壞，有必要調遣資金，嚴陣以待，一旦發覺「異常資金流動」，則立刻捍衛股市。嚴陣以待，非主動出擊，有跌才買，不跌不買；買了也不一定會止跌。所以，護盤的政治面理由似乎強些。

（2）為防止股市大跌擾亂人心，影響民眾對政府的信心，所以要護盤？大跌後必有大漲，股民是健忘的，只要後來有漲，一切都可以重來。

（3）為防止股市大跌影響全民財富，荷包縮水，所以要護盤？似乎有點天真的論調，不成立。

（4）為防止股市大跌造成企業質押給銀行的股票斷頭，所以護盤？保護大股東，成立。

（5）利用股市崩跌的時機，一路往下吃貨，以便日後落底回升之後，大賺一票？別吃得太早，還要小心踩到地雷股。

（6）利用護盤基金干預股市正常漲跌，造成下跌趨勢中反彈假象，藉口拖延行情，達成黨營事業出貨的目

的。此乃小人心度君子腹，當然是胡說八道。

　　散戶要認清的是：目前台灣股市護盤基金的決策者多數並非市場專業人士，而是政治背景掛帥，以外行領導內行。

　　因此，**股市下跌時，散戶就是靜待它自然落底，不要隨便搶反彈**，當然也不必百分百跟隨政府的消息面起舞。

14 政府會護盤，那也會打壓行情嗎？

對散戶而言，要小心注意政府的降溫措施公布時是否就是大盤的頭部。

　　政府會打壓行情嗎？當然會。鑑諸以往歷史，斑斑可考。只不過在空頭市場的時候，這種行為會很少甚至沒有。

　　任何事物，都是中庸一點比較好。股市裡有太多投機客與資本家在裡頭攪和，為的是坑殺散戶牟取暴利，所以股市太熱不是個好現象。1987 年股市狂飆時代搞得全民皆股民，人人無心於正業，競相投身於金錢遊戲，造成社會一夕暴富、崇尚奢華的不良風氣，後來從絢爛歸於平淡，未嘗不是一件好事。

　　對散戶而言，只要小心注意政府的降溫措施公布時是否就是大盤的頭部即可。

　　政府會在股市高點快來臨之前採取哪些降溫措施呢？

　　（1）調升存款準備率。

（2）暫緩新基金申請作業。

（3）突然主動探查企業界內幕弊端。

（4）調降融資成數。

（5）跟政權掛勾的企業大賣股票。

（6）復徵證所稅的謠言又開始流行。

　　諸如此類的消息見報後，市場應該有所警惕，不過也不必急著一下子把股票全賣光，因為消息公布後股市可能還有一段榮景可期，短則1個月，長則數個月（超級大波段），會讓你有充裕時間賣個好價錢，不過，期限一到，股市反轉而下，到時也別怪政府沒在報紙上登廣告叫你跑。

　　台股上一次的政府做空，就是馬英九總統在2012年4月的復徵證所稅事件。坦白講：這個動作本身不一定錯，但是提出的時機大錯特錯。當時台股並未超漲，而是房價超漲。

　　值得新手注意的是：復徵證所稅事件造成許多大戶離場，資金動能失血。而這一切負面的現象報紙並不是沒有警告大眾（報紙上面的新聞很多都對實際操盤沒有幫助，但是證所稅這個新聞卻是有用的）。所以，要懂得趨吉避凶，才是明哲保身之道。

15 好的「解盤」應該是怎樣？

收看股市類節目絕不能因為自己做多，就專找多頭的節目收看，也不能偶爾看到一個分析師講了一段令你動心的話就輕易受到影響。

　　股市解盤節目層出不窮，從一流到九流的股市專家、達人、「老師」充斥在螢幕上，有的態度誠實、功力實在（可惜鳳毛麟角，少之又少），大部分卻是避重就輕、佯裝自己學問很大，想做短線的投資人如果功力稍差，誤入歧途是遲早的事。

　　茲將幾種類型的解盤人分述如下：

（1）**名牌公司的官僚**（包括分析師、經理、副理等各種
　　　官位大小不等的白領階級）——這一類的人因為出
　　　身名門正派，身負重任，故說話必然特別「保守謹
　　　慎」，在面臨節目主持人丟出的問題時，他們的反應
　　　較拙劣的有兩種方式：一是答非所問、避重就輕，
　　　從很遙遠的地方開始講起，旁徵博引、滔滔不絕，

到最後仍未歸納出一個結論；二是分析師過度陳述今天盤面的各種現象，缺乏實質建議。當然，一個盤面本來就是由各種複雜的因素綜合激盪而成，分析師如果把每天已經發生的盤面現象全部都做解釋，文章是做不完的，投資人除了聽到一堆已成事實的報告，還有一堆「可以注意」的股票之外（不一定能買，能買也不一定是明天就可以買），但對明天的操作方向仍然是模糊不清。當然，有時候真的是大盤沒機會，需要等待，但有時候分析師要有擔當，要勇敢講實話。但是自古以來講實話的，下場都不太好。

在這裡，有兩個基本問題要釐清：

A.如果這個節目是強調正統投資，不走煽情的叫賣式推銷，那麼這個節目就不應該每天播出，因為保護散戶就應該叫他們減少進出，放棄短線，而不是每天都在那邊問：該不該買？該不該賣？這樣的主持方式雖然在面對「千斤撥四兩」的特別來賓時顯得乾脆痛快，但卻有嚴重的「鼓勵短線」之嫌。

B.不論是投顧、外資、券商、投信，基本上都是屬

於「業內」，在多頭市場，他們的言論當然是皆大歡喜；在空頭市場，他們的言論就顯得保守，給人「不說真話」的感覺，投資人在收看節目的同時，耳朵要豎直一點，仔細分辨出這些弦外之音。總之，名牌公司的專家們，短線未必高明，收看此類節目應以「觀察輿論」為主，不要奢望聽到正確的操作手法。

（2）**投顧公司的分析老師**——他們的作風比較草莽化，風格不受拘束、各憑手段，缺點是假貨太多，亂吹牛，優點是言論自由，可以講實話，可惜實話也往往被謊話所掩蓋。

這裡也有兩種現象要提醒大家：

A. 此類投顧擺明了就是「玩短線」，他們的顧客對象也幾乎都是散戶，犯了股市大忌——初入門的散戶，忌短。要彌補這個缺點，沒有辦法，只有高手才值得追隨，而高手偏偏少之又少，散戶要有心理準備，你所碰到的投顧老師有十分之九的超高機率會「領導無方，勞民傷財」，畢竟短線高手稀有珍貴，不易尋獲。

B.既然是玩短線，每日都有操作績效，只能虧小賺大，不能虧大賺小，投資人必須長期追蹤其總成績，最好的辦法是觀察一個老師一年後才決定是否要花錢入會，千萬不要看了幾次節目，賺了幾次錢，就以為這個老師以後就不會打敗仗。

接下來提供我認為好的解盤方式供大家思考。請注意，投資人必須自我學習正確的解盤邏輯，不能永遠人云亦云，否則遲早有一天嘗到苦果。

（1）**不要將類股的輪動，都視為基本面的利多消息帶動上漲**——一個利多消息，如果真的是實質利多，那絕對不可能只有一日行情，但是輪動的狀況實在應該以技術面和籌碼面為核心主幹，然後再抓取題材（利多消息）拉抬。如果過分強調今天這個股票漲是這個利多，明天那個股票漲又是因為那個利多，很容易把原來因為「基本面好轉而變得有價值」的正當買進理由，歪曲成「天天聽消息面追逐當天強勢股」的炒短線，試想：為什麼那麼多利多消息的發布時間都那麼「湊巧」呢？所以一份好的分析報告在面對「消息面」時應該是冷靜、客觀，不要浪費

太多筆墨渲染它們的基本面，因為沒有散戶會員抱那麼長。

（2）**最好要指出明日看盤的指標股**——一個盤有希望上漲，在於原來領先上漲的個股在休息之後又能爬起來衝鋒陷陣，這就是指標股，它富有「領先」與「落後」的重要意義。一個分析師如果抓不到指標股，搞不清它的強弱涵義，即使操作知識再豐富，也恐流入見樹不見林的小格局。

（3）**清楚列出壓力與支撐關卡價，並提供具體應對方案**——關卡價的訂立是一門大學問，所謂「絕處逢生，盛極而衰」，搞錯型態學，畫錯趨勢線的投顧老師比比皆是，其結果是假突破時買在最高點，假跌破時賣在最低點，慘不忍睹。如果盤中就採取動作，就須慎防「盤中騙線」。至於關卡價的設立理由，則是講得愈詳細愈好。有些老師基本面講得口沫橫飛，關卡價與趨勢線的功夫卻很簡陋拙劣，要明白盤中操作就是在賺取「頭腳兩根線之間」的價差利潤，絕不是普通人想得那麼簡單。

（4）**分析師要有能力去構思「明天可能大漲，明天可能大跌」的逆向規畫能力**——散戶最常犯的「樂觀時過度樂觀，悲觀時過度悲觀」的心理毛病在老師身

上也一樣，甚至更嚴重。這個原因在於散戶抗拒風險意識，所以老師們便投其所好，利用「盤面永遠有股票漲停板」這項特性鼓勵散戶不要在乎大盤漲跌，如此便自立王國，完全無視於大環境崩跌的風險，我不贊成這樣的作風。分析師對於買進的股票，最好能去想想「萬一它明天盤中大跌，我要殺還是要抱？」千萬不要一點風險意識也無，否則當真正的高點來臨時，會因為欠缺規畫而錯失第一時間最佳賣點。同樣的道理，買進的動作也是一樣。

（5）**電視解盤與傳真稿應力求簡明犀利，明白清楚**，囉嗦可以，但是要囉嗦得有道理——好的分析者，解盤不逃避重點，不是花時間吹噓自己有多行多行。台灣人長久以來就是聽不著邊際，虛有其表的「政治官腔」長大的，這一套在解盤節目中屢見不鮮，反正他就是有理由，怎麼說都是他對，就像「至尊無上的政府」一樣，永不犯錯。

（6）**分析師解盤要勇於回顧歷史**（不是照抄歷史），反省現行策略是否需做修正——分析師有責任教育會員培養做股票的歷史反省能力。不懂記取歷史教訓的人，終究會在重蹈覆轍時斷送前途。

收看股市類節目絕不能因為自己做多，就專找多頭的節目收看，也不能偶爾看到一個分析師講了一段令你動心的話就輕易受到影響。長期追蹤，熟知分析風格是必須的，而自己的成長也是建立在這種學習過程之中。沒有經過一年以上的時間考驗，千萬不要把資金全部交給「老師」指揮，這個觀念也是一般會員最欠缺的。

　　小結論：不論是基本分析或是技術分析，所使用的邏輯都很難，台灣的學校都不教，所以散戶必須自我學習邏輯。這是一段漫長的學習之旅，希望你能找到門路、跟對明師，學得充實愉快（邏輯思考的書很難推薦，先建議大家可以去看看蒙格寫的《窮查理的普通常識》，以及杜伯里寫的《思考的藝術——52個非受迫性思考錯誤》）。

16 什麼樣的「利空」環境才能進場？

股市走空一定有它利空的消息面作祟，投資人應客觀分析籌碼面與基本面，配合技術面的輔助等待底部浮現。

買股票當然要逢低買進，但是小心低還有更低。

不管是石油危機、戰爭爆發、政治鬥爭，還是金融風暴種種利空所造成的股市下跌，散戶切忌躁進，必須先冷靜下來做一些功課：

(1) **檢查利空消息發生時，股市在相對高檔還是低檔。**
如果之前已經漲了一大段，小心藉著此一利空來個大回檔，鐵定會跌昏一票人。如果已經跌了一大段，小心藉著此一利空來個「超跌洗盤吃貨」，「跌到令人無法想像的地步」，然後再來個超級大回升。不過，只怕等不到回升，散戶就已經在「超跌段中許多自以為是的反彈」中慘遭套殺，賠掉老本。

(2) **計算利空發生後到現在經歷了多少時間。**像以前金

融風暴所造成的空頭市場，維持了很長一段時間，這種情況就不能隨便買股票，因為這是「真正的利空」，不是玩假的，所以股票真的會跌。既然會跌，就讓它跌個夠，再來撿便宜貨，千萬不要才跌個3天或1個禮拜就急著進場，起碼也要等半個月，有些高手甚至可以等1年以上。

股市中很多機會，是在休息一段時間後「不經意的一瞥」中等到的，天天在號子裡守候利空消息平靜以後進場，往往買到的只是打9折或是7折的價格，無法買到5折或3折跳樓大拍賣「血本無歸」的超便宜價位。

（3）**審視利空對於個股的影響**。所有國家的股市都會面臨到一些共同問題：像是隨著股市的成熟與老化，一些老牌上市公司面臨被時代淘汰的命運，而新公司又面臨產業景氣輪動過速，因為公司內部方向調整不及而夭折。

此時，這些經營不善或是無法跟隨時代應變的公司，會跟隨「大利空」消息順勢步入生命末期，也就是長空。到此地步，投資人不應該貪圖它的價格「超級便宜」而買進，要知道還有一種價格比「超級便宜」還要便宜，那就是經營不善又逢利空打擊，雪

上加霜加速敗亡，面臨下市的「糊壁紙」命運，這種股票不要錢都沒人撿。

總之，股市走空一定有它利空的消息面作祟，投資人應客觀分析籌碼面與基本面，配合技術面的輔助等待底部浮現，**千萬不要隨意聽信「逢低布局」的建議**，因為資金少的散戶，一旦布錯了，就沒辦法往下攤平了。

17 期貨能賺得比股票多嗎?

除非技術跟心理已經熟練到某一程度,否則都不應該介入容許財務槓桿操作的商品。

　　基本上,期貨市場是提供「避險」功能,所以操作者是有兩套資金分開放的。現在很多窮散戶只操作指數期貨,並非長久之計,因為做期指需要消耗的體力比較大。

　　台股自從擺脫80年代齊漲齊跌的現象之後,選股工作變得愈來愈難,類股的走勢愈來愈紛歧,這對於資金不多、平時又缺乏時間研究產業的散戶而言,非常不利。於是,專以賺取指數漲跌價差的加權指數期貨便應運而生,它的優點有三:

（1）以大盤（或類股）的指數漲跌為依歸,買進或賣出一籃子股票,避免選股的麻煩。

（2）永遠不會踩到地雷股。

（3）以小搏大,運用最少的資金賺取倍數報酬。

但是，它最大的缺點是：**由於是高槓桿的信用交易，所以只適合中線跟短線**，想要抱久一點的話，每個月就要在結算日之前換倉一次，不能像股票一樣被套牢還可以抱個5年、10年都無所謂。

奉勸一般的散戶投資人，尤其是新手，或是根本沒有正式學習過股市正確知識的老手，請聽我一言：遠離期貨市場。因為那是贏家玩的，不是可以隨便買隨便賣的。除非技術跟心理已經熟練到某一程度，否則都不應該介入容許財務槓桿操作的商品。

進場前的準備：
如何擬定投資計畫？

很多散戶的失敗，
就在於入場前沒有準備好投資計畫與資金分配比例。
此外，要利用群眾，而非隨之起舞。

18 該如何決定投資方式呢？

不應該一天到晚只想找能夠賺最多的股票，真正應該關注的
是：哪一種投資方式是「正確」的。

　　大家千萬不要以為，每個人在進場前都已經決定好自己
的投資方式，事實上就我觀察，大多數的散戶會發生以下四
種狀況：

（1）已經擬定好投資計畫，但卻是錯誤的，因為不適合
　　　自己的個性。

（2）已經擬定好投資計畫，但卻見異思遷，沒有認真執
　　　行。

（3）沒有完善的投資計畫，打算且戰且走，但因為本身
　　　的功力不夠，技術不熟，變成且敗且走。

（4）沒有完善的投資計畫，打算撈一票就走，但卻食髓
　　　知味，終於身陷其中不可自拔。

我認為以上四種模式，真正原因只有一種：「不了解自己的無知。不知道擬定計畫之前必須要經過正確的學習教育歷程。」

股市中有一句千古名言：「**股市中，你最大的敵人其實就是你自己。**」真的，在殘酷的股海浪潮中，多少人因為克服不了自己的人性弱點，追高殺低、聽信明牌、貪圖小利，最後落個賠光畢業的下場。

光是了解自己還不夠，要想求進步，還必須克服自己，超越自己。

愈說愈難了，沒錯！散戶投資人如果想在股海中撈一筆，不算難；但如果想在股海中賺很多筆、一直賺，很難、非常難。

了解自己，找到自己的弱點，暫時改變不了的話也沒辦法（江山易改，本性難移），此時就應該盡量去迴避自己的弱點，保護自己，也算聰明，就好像如果你不會游泳的話，就盡量離水遠點，或者做好萬全的準備再下水。

關於投資方式，我的建議如下：

（1）對股票欠缺研究，將來也不可能成為專家，但是人格健全的人，做長期投資。

（2）對股票有研究，可能成為專家，有超越自我的潛能與毅力、外加雄心壯志、經濟無虞、有閒暇時間，長短期皆可（但需考量學費負擔，小心錢花完了仍然留級畢不了業）。

（3）不管你有沒有時間研究做功課，也不管你是不是專家，沒有一個堅強的人格，就不要做短線。

（4）如果你基本上屬於三心二意的人，又堅信天底下沒有不可能的事，勸你這輩子都遠離股市。

　　在股市中，十個散戶不到一個賺錢，多少英雄豪傑葬身其中，升斗小民更不可勝數，所以，比較安全的方法是做長期投資，不要碰短線。但是台灣的基本面條件尚淺，長線的難度比投資美國的長線要來得高。

　　我要提醒大家的是：股市風雲，變幻莫測，讀者們**不應該一天到晚只想找能夠賺最多的股票**，或是只想找「自己喜歡的方法」。**真正應該關注的是：哪一種投資方式是「正確」的**。這個正確的方法不一定是賺最多的那個方法，也不一定討你的喜歡。

19 資金分配比例，如何決定？

不管你有多少錢、不管做長線或是短線，至少要留50%的家產。

    股市決勝負，除了人格特質之外，最重要的關鍵在於資金分配比例，比例一旦錯誤，一百次正確操作賺到的也不夠一次錯誤所賠的。

    如果一個人有無限多的錢，那麼他在股市中就不可能虧錢，因為他有能力在股價下跌時一直往下攤平，愈買愈多（金字塔買進法），等到股價觸底反彈，就可以獲利——不過這種方法只適合大盤，不適合個股。

    外資有很多錢，具備這種能力，但是散戶就沒有辦法了，而且就是因為散戶的子彈有限，在操作上的困難度更加提高。

    關於資金分配，我的建議如下：

（1）**資金在50萬元以下者，最好不要做短線**，還是以長

期投資或買基金最恰當。但是很多人都想利用股市賺「失業救濟金」，這種觀念根本錯誤。因為股市只能利用閒錢來投資或投機。資金少，買賣股票的賺賠都會變小。賺得少，會激發人的貪欲，經常在賣出賺了小錢以後看它又漲上去，一時忍不住又把它買回來，這樣做容易被套牢在高價區；下跌時因為賠得少，不痛不癢，更捨不得賣，最後經常是看到另外一支股票飆上去了再把原來那支賠錢的殺掉，變成追高殺低。

（2）**資金在1、200萬之間者，選擇5到10種股票操作即可**，如果每種股票只買1張，最後買了十幾種股票，照顧困難，那就把它看成基金組合就好，不要因為只有1張就輕易換股，以免因換股頻繁而造成追高殺低的虧損。

（3）**資金在300萬元以上者，必須特別小心，因為財大氣粗、容易流於自以為是**，很可能一開始膽子特大，勇於進出，也因為資本雄厚，賠大錢也面不改色，反而投下更多的錢加碼攤平，釀成更大的虧損，到最後，即使金山銀山，也在你的「雄心壯志」、「勇於挑戰」、「大刀闊斧」之下大起大落，化為空氣。

其次再談一些資金控管要注意的事：

（1）不管你有多少錢，絕對不能每天早晨都在問「今天可以買什麼股票？」、「今天能不能買股票啊？」因為**除了高手之外，絕對不能天天做。**

（2）如果是做指數期貨，停損點是必須設的。**如果是做一大堆股票，則不一定要在股價上設停損**，而是在基本面的狀況發生變化時決定出場。初學者不要急著去問停損點要怎麼設，因為每一種門派、每一種操作方法的停損方式都不太一樣，有的可能差很多，不可以一概而論。

（3）**資金多的人，在急漲主升段不可過分貪心**，將資金不斷攤灑到不同的股票上，妄想賺取每一家的漲停板，而應該在各類股輪動時找到真正的主流股加碼買進抱牢，並減少換股動作。

（4）如果是做中線，那麼，我個人的理想做法是：不管我有多少錢，在大盤漲了一段時間進入盤整期後都應該採取向上減碼的動作，汰弱留強，將持股減少到30％，其他70％的現金留做下一次「有把握的」行情的預備子彈。

（5）**不管你有多少錢、不管做長線或是短線，至少要留**

50%的家產，不要把自己的身家全部投入。即使是超級大機會來臨時也一樣，因為你可能會把小貓看成大老虎，看走眼。

依我歷年來的經驗，如果是做中線，大跌之後的大反彈在第一時間的反轉點才可以持股滿檔，**愈往上，風險愈高，操作時間要縮短，逐漸獲利了結，換成現金，然後出場！出場之後要休息，不要急著跑回來！**做中線，盤整區選股特難，建議空手觀望。

不論你有多少資金，賺錢時都不宜太高興，虧錢時都不應該不在乎，而是應該好好檢討，明確寫下失敗的原因。

散戶有一個致命的缺點，就是「學藝不精」，所以不要持股過高，甚至以後也不可以持股滿檔，因為並不是每個人都具備控管風險的卓越能力。等到你的功力成熟以後，才可以動用較多的資金（功力成熟需要一段長時間的正確學習的教育旅程）。

我「非常」不建議散戶去做股票的短線（含當沖），因為難度很高。如果有人說他可以做得到，那僅代表他自身的能力，並不代表你能輕鬆複製他成功的經驗。

20　人來瘋，不會在股市成功

有智慧的人最好能利用群眾心理，來觀察漲跌趨勢，切忌隨群眾起舞。

要不要天天去號子看盤呢？**意志不堅者最好不要天天去號子**（證券公司的看盤大廳）。

能不能永遠都待在家裡（辦公室）電話（網路）下單呢？答案是：可以。

基本上而言，我認為證券公司、辦公室同事間的討論，以及家人朋友之間的討論股市 —— 這些都是攪亂人心的場合！它有以下三大缺點：

（1）人多的地方**容易充斥不實的謠言、錯誤的消息，以及拙劣的盤勢分析**，引人誤入歧途，做錯方向。這一點營業員受害最深，小心！

（2）人多的地方熱熱鬧鬧，朋友眾多，像是證券公司的營業大廳，冷氣茶水、電腦電視一應俱全，過於便

捷舒適的環境，吸引投資人天天報到，**有誘人做短線之嫌。**

（3）人多的地方，**容易隨盤勢起舞，常犯見漲說漲，見跌看跌的毛病**，意志不堅的投資人往往懾於現場氣氛，追高殺低，犯下錯誤。

但是，對一個具備正確的觀察力的投資人而言，人多的地方反而成為一個相當具有「指標性」意義的絕佳場所，例如：

（1）盤勢反轉下跌之後，人多的地方人氣逐漸褪去，最後只剩小貓兩三隻，往往就是接近底部的徵兆（但是長期築底的話，股市不會馬上大漲，要等一等）。

（2）在頭部震盪區，如果指數創新高而群眾歡聲雷動，表示高點就在這裡，為絕佳賣點。

（3）也是在頭部震盪區，如果盤面許多股票力爭上游，很努力要漲卻無法「大漲」，而且未聞群眾歡呼聲，暗示高點已過，大家都在等著解套，沒有多餘的新資金再追進，盤勢可能不久就要反轉向下。

（4）在長期的多頭市場，大盤創下具有歷史意義的高點，然後看到號子裡有人開香檳、請吃東西，就表示高

點到了，甚至有崩盤的危機。

（5）長期下跌之後，大盤又開始漲起來，號子裡的人愈來愈多，此時人氣匯聚、人氣可用，絕不是一兩天就可以打散，表示漲勢確定，可以買進。

（6）經過一段上漲之後，開戶的人突然暴增，然後有些生面孔進來大買股票，此現象暗示大盤即將反轉。這跟前一項人氣匯聚的意義不同：當盤勢止跌回漲，號子裡的人當然變多，這現象是指一些原本退場觀望的人又重新進場，為初升段；等到一些原本不買股票的人進來開戶買熱門股，為末升段，表示好日子剩不多了。

總之，有智慧的人（光是聰明還不夠）最好能**利用群眾心理，來觀察漲跌趨勢**，切忌隨群眾起舞而喪失自我獨立判斷的能力。

當然，如果你自認為是肉眼凡胎，經不起誘惑，那就要減少進出，採取遠離群眾策略為妙——不過，先決條件是：要耐得住寂寞。

技術分析：
短線進出必備功夫

技術分析到底有沒有用？
學愈多技術分析，愈能賺大錢嗎？
哪種投資人該對技術分析深入研究？
哪種投資人略懂即可？

21 技術分析到底有沒有用？

對股市新手而言，不需要學太多的技術分析；對老手而言，
技術操作是短線進出的絕對必備知識。

　　很多人一聽到技術分析，就想到號子裡一些「看線做股
票」的「線仙」，他們在看盤時不斷查看電腦顯示的圖形，或
是看技術指標高了還是低了，作為買賣的重要依據。很多上
了年紀的股海老手對這些會用電腦看線看指標的人頗不以為
然，認為那些「K線專家」、「圖形專家」簡直是捨本逐末，
以為光靠電腦運算就可以發財，下場也一定是提前賠光畢業。

　　說實在話，**K線只是價格的歷史紀錄**而已，它把一堆數
字轉化為圖形，使我們在觀看時更一目瞭然，清楚明白，而
所謂的「指標」，也不過是按照已經發生的數字紀錄來做不同
方式的運算，如果你認為股票是一門學問的話，它的「歷史」
當然很重要。

　　那為什麼有許多技術分析派的投資者到最後還是賠錢出
場？或是看了半天電腦，結果賺到的遠比那些不懂電腦的阿

公阿婆來得少？答案很簡單：功力不夠，或是根本沒有功力。對別人說自己是技術派，其實自己根本就不懂技術分析，但卻以為自己很懂。於是這種人失敗以後，其他門派的人就以為「技術分析無用」，把罪過都推給技術分析，而不了解真正的關鍵是在使用者身上。

技術分析派著重於歷史經驗，基本分析派則眼光放遠，善於勾繪未來藍圖。兩者同樣重要，只是對於跑短線、做當沖的投機客而言，技術線形比較重要，因為股市短期漲跌屬於籌碼面的供給問題，長遠來看，還是要回歸基本面。

對股市新手而言，不需要學太多的技術分析，只要了解在「頭部完成」時出場就可以了，但最怕的就是尖頭反轉。

對老手而言，技術操作是短線進出的絕對必備知識，尤其是期貨操作。

在大多頭市場中，大家爭先恐後搶股票，行情往往會漲到不合理的瘋狂境界，這時候的短期技術指標會發生所謂的高檔鈍化現象，或者是指標一路下跌，價格卻一路上漲，此時須忽略日線指標分析，而將眼光放遠到週線及月線。

在空頭市場中，由於人氣退潮，群眾心理顯得保守，於是小波段、小頭部、細小的碎波變得很多，分析起來會不一樣。

既然在多頭市場及空頭市場中技術分析有著不同的地位，也就造成了技術分析最大的矛盾與爭議。換言之，相同線性（圖形）在不同的時間、位置，具有不同的解釋，以往基本分析派人士對「線仙」嗤之以鼻的原因，有很大一部分來自於，某些自命為技術派人士喜歡建立一套放諸四海皆準的圖形法則，卻往往淪為見樹不見林的淺識。請記住：所有的知識均來自於經驗，而經驗必定由所有的主客觀環境淬練而成。

　　以往技術分析不靈光的罪過大都來自於錯誤的認知與膚淺的解釋，是人的問題，並非技術分析這門學問本身的罪過。市面上一般教授技術分析的書籍（尤其是 K 線方面）多流於簡化，故意簡化就容易犯錯，讀者只能以其為最基本的普通知識，然後再發展自己的研判功力。

22 學愈多技術分析，愈能賺大錢嗎？

在功力未成熟之前，不可迷信技術分析的固定成見，最好是
累積一段經驗之後再慢慢檢驗已知的技術法則。

　　**短線客要兼顧進出場時機與操作技巧，所以要懂技術分
析。**他們運用技術分析的獲利目標應該是「在最短的時間內，
獲得最大的倍數報酬率」。
　　長期投資者，只要抓對進場時機就好，不必懂技術分析。
他們也能獲得倍數的報酬率，只不過時間要拖得久一點。

　　如果不懂技術分析就做短線，是一件危險的事，因為場
內的雜音多，容易干擾人的正常判斷力，除非經驗豐富或修
養高深，否則就是賠錢。
　　「盡信書，不如無書」，在功力未成熟之前，不可迷信技
術分析的固定成見，最好是累積一段經驗之後再慢慢檢驗已
知的技術法則。我看過相當多的人，憑著對股市景氣循環的
敏感以及懂得耐心等待低點就賺了很多錢，**建議某些對技術**

分析一知半解，整天看解盤節目吸取「技術知識」的短線投資人，還是少用一點技術分析比較好。

23 技術圖形代表了一切嗎？

散戶投資人應該花點時間去注意技術分析的基礎：「數字」，而不是像海棉一樣到處吸收股市資訊。

很多人一定看過以下類似的話：「不論是消息面、政治面、心理面……種種客觀主觀因素，都已經提前反映在技術圖形裡面了，所以，技術分析可說是萬流歸宗。」

照這種說法，**圖形豈不是領先新聞消息面，而具有預言能力了嗎？對此，我心中的答案其實是肯定的**，因為說起來的確是很奇怪，以過去的「預知崩盤紀事」而言，就有以下兩件：

（1）1998年12月7日，馬英九先生選上台北市長的那一天，主力利用選舉慶祝行情拉高出貨，之後崩跌二千多點，怪的是選舉那天的位置剛好位於「主跌段之後的整理波」的「三尊頭頂端」（出現三個價格相近的高點），就技術線形而言，這一天本來就是起

跌的機會比較大，怎麼好死不死就選在這一天選舉呢？

（2）1999年7月14日，前總統李登輝先生的「兩國論」風波造成當日股市大跌，奇怪的是，當天也剛好是大盤進行橫盤整理，出現三尊頭後連殺三根黑棒逼進頸線的「多空最後決戰點」，「兩國論」一出，第四根長黑猛然下殺破頸線，造成多頭潰敗，大跌一千多點，怎麼又好死不死選在這麼關鍵的一天蹦出了「兩國論」呢？

在此要提醒投資人千萬要注意：頭部完成要結束的時候，往往會有許多突破性的大利空消息「非常湊巧」地發生，然後大跌，你說這是迷信也好，怪力亂神也罷，總之在高檔橫盤近尾聲時要特別小心。

我非常相信台灣股市是由一大堆主客觀因素匯聚而成的巨大綜合體，而且有一隻看不見的黑手使之導引至某條「神祕卻又充滿理性趣味」的道路。**散戶投資人應該花點時間去注意技術分析的基礎：「數字」，而不是像海綿一樣到處吸收股市資訊。**

技術分析當然不能代表一切，但是技術分析的成果：「圖形」，卻是千真萬確的數字紀錄歷史，它是種種層面相互影

響之後產生的總結果，在推測股市未來走勢的時候，除了要
注意產業的基本面之外，過去已經發生的歷史也很重要。

24 技術分析有無簡單「模型」供研究？

投機是種藝術，而不是科學。

——德國股神　安德烈·科斯托蘭尼

　　有是有，見下圖。但這是標準的模型，現在的台股走勢並不一定會照著標準走。不過，讀者可以參考一下，曉得以前的股市走法是比較有規矩的，不是什麼隨機漫步地亂走。

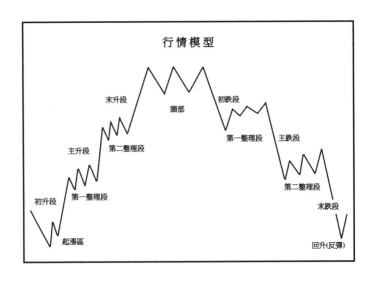

行情模型

初升段　起漲區　第一整理段　主升段　第二整理段　末升段　頭部　初跌段　第一整理段　主跌段　第二整理段　末跌段　回升(反彈)

這個行情的波動模型，大致由以下幾個部位組合而成：

（1）起漲區

（2）初升段

（3）第一整理段

（4）主升段

（5）第二整理段

（6）末升段

（7）頭部

（8）初跌段

（9）第一整理段

（10）主跌段

（11）第二整理段

（12）末跌段（然後再循環回到起漲區）

如果是長時間的大波段，下跌時的第一整理段和第二整理段，通常由連續三個小波浪組成。

還有就是，必須注意**高檔尖頭反轉的可能性，這可能預示著趨勢的反轉，要特別小心。**

做股票的時候，最好把這個行情模型放在心裡。

另外附上8張實際的走勢圖，供讀者判讀。

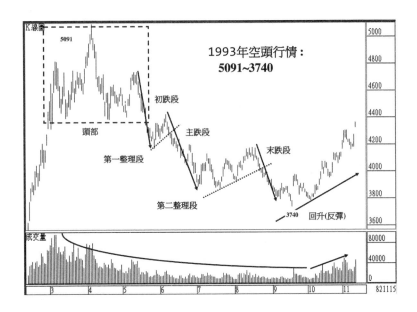

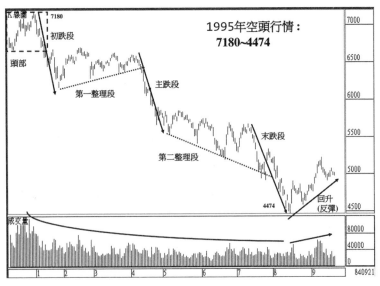

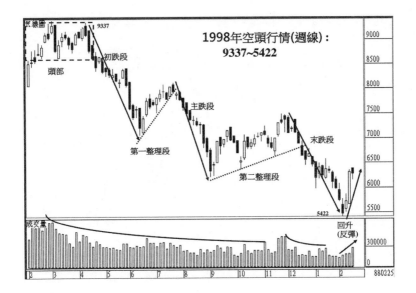

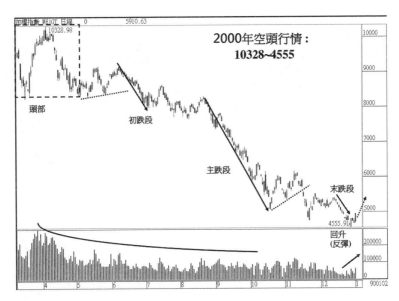

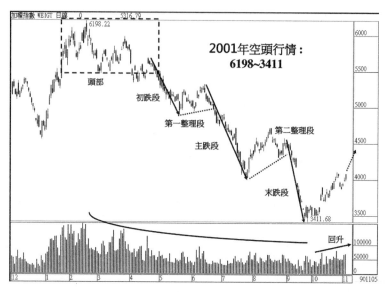

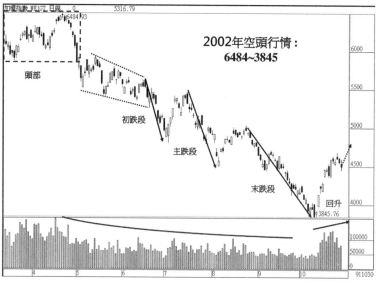

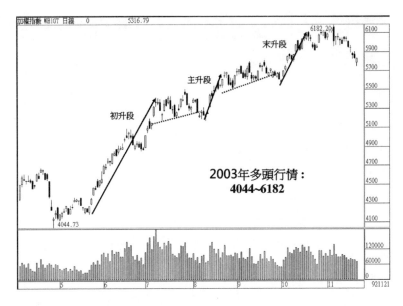

2003年多頭行情：
4044~6182

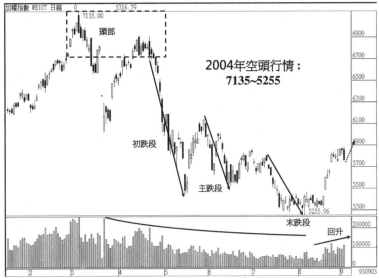

2004年空頭行情：
7135~5255

25 成交量的放大與萎縮有什麼意義？

對於成交量的解釋，一定要從短、中、長期三個角度來做正向與逆向思考。

　　成交量的放大與萎縮，在不同的市場趨勢中，各有不同的解釋，絕對不是一成不變！

　　技術分析最重要的一點，就是面對死板板的數字，然後依據目前的趨勢，做出完善的解釋，絕不是套用固定的術語死背教條。

　　在一個波段的不同位置，成交量的放大代表著不同意義。為了讓初學者容易了解，以下我用古老的標準模式來講解，但是讀者要知道現在的台股並不一定會照著古老的模式走。

　　依照古老的模型，簡述如下：

（1）**起漲區**：成交量開始溫和放大。往左邊看（空頭市場的末期）的成交量必定是萎縮的，甚至出現谷底

的窒息量。

（2）**初升段**：見到第一根近期大量之後開始拉回整理，這個「第一根大量」是「換手量」。

（3）**第一次整理**：成交量變小，但比左邊的窒息量大，有人逢低默默買進，是為「吃貨量」。

（4）**主升段**：突破第一次拉回整理上攻，會看到較密集的大量（比第一根大量要來得大），這是「追價量」。

（5）**第二次整理**：主升段末期大量連續多天後突然有一天「創新高卻量縮」，暗示又要拉回整理，這次拉回，一定有很多人害怕頭部到了，所以下跌時會量縮得很厲害，上彈時也沒什麼大量，大家都在觀望，這時量縮也是「換手量」。

（6）**末升段**：量縮整理了一段日子後，再度放量上攻，會看到上漲末期的噴出行情，成交量再度密集放大（比主升段還要多），行情沸騰，人氣旺盛，這時的大量代表「倒貨量」，即使末升段之後的橫盤整理之後又有一波上攻，但很少主力會傻到在連續上漲後吃貨的。

（7）**盤頭**（或是橫盤待攻）：這時再度量縮，主力開始先出一點貨，搶點反彈，成交量會忽大忽小，大不會超過天量，小卻會小到有點窒息。如果這裡是頭部，

整理完的下殺過程會看到「下殺有量」而且「指數配合大量而劇跌」，這表示主力出貨時沒人要接，所以價格直直落，指數重挫。

如果盤頭後又再度上攻（表示此頭非頭部，只是整理），整理完後的下殺雖然也可以看到「下殺有量」但是指數卻不易出現連續性的大跌，而且跌幅愈來愈小，這表示雖然有人出貨，但也有人吃貨，所以，雖然量大，指數卻沒有連續暴跌。

（8）**頭部完成後的「下跌波」**：成交量逐漸萎縮，絕非什麼「量縮拉回就是買點」，而是人氣退潮，沒人要買股票。

（9）**下跌波中的「反彈區」**：下跌趨勢中會藉著反彈來調整下降軌道的角度，反彈量增很正常，但是不代表觸底回升，較長期的底部出現在「谷底凹洞量」，而且要持續一段時日，這一點還須要配合其他各方面的觀察。

依照古老的模型，結論如下：

（1）漲了好多天以後，續漲時「量大非福」──表示主力跑貨。不過也不會跑太快，畢竟主力的貨比你的

貨要多很多，出好幾天才出得完，反正你就配合主力出貨就對了。

（2）跌了很多天以後，反彈時「量大不明」——不過可以確定的是至少有一個當沖短線反彈可以搶，不過，可別在空頭的下跌段中亂搶，小心搶到一日情，明天就對你始亂終棄。

（3）多頭市場中（各均線翻轉向上揚升），「下跌量縮就買」——在線性尚未走空之前，拉回就是買點，短套一下無所謂，震盪一下就解套。

（4）空頭市場中（各均線反轉向下），「下跌量縮」表示人氣退潮，「新低量之後必有新低價」。

以上所講的一些細節觀念，大致都是根據過去台股市場的經驗得來。現在這種標準經驗已經很少了，但是如果大多頭重新再來，讀者最好能夠了解以前的人是怎樣操作跟思考的。

總而言之，**對於成交量的解釋，讀者一定要從短、中、長期三個角度來做正向與逆向思考**，再配合價量的變化做靈活的分析。切記：是從分析之後找出一句固定的成語來印證（例如「量大非福」就是一句成語），而不是先抓來一句成語再依照成語的既成定義做預測。這裡面的**邏輯辯證**其實是有

一點難度的，可以寫成厚厚的一本專書討論。初學者如果一定要在成交量上面做文章，切忌思想僵化。如果覺得成交量太難，那也可以暫時不看。像我就比較少去看大盤的成交量，只要知道一下今天大概的成交量就好，不需要過度用技術分析去解讀，因為成交量的邏輯很難，我個人是用別的系統指標去解讀市場，不一定非要看成交量不可。

26 如何判斷「長期底部」?

愛做大波段行情的散戶，要耐心等待大買點或大賣點，這也是最安全的投資時機。

　　首先，要想一想目前所處的位置是不是末跌段。當然，如果線圖上出現三個下跌段夾著兩個反彈整理區，末跌段的機會就非常高了，但是這種走法太標準模式了，近年來已經很少出現。所以我們需要看另外一些條件：

（1）從上一次的大頭部到現在（末跌段），歷時半年以上（這個半年只是大概的經驗值，不是絕對的精確）。

（2）融資餘額水位急速下降，大批融資散戶斷頭出場。

（3）以K線型態而言，連續出現近乎垂直角度的跳空下殺長黑棒，然後量縮，成交量變很少。

（4）以季節性而言，底部較易出現在第四季的冬天。

（5）政府公布之景氣訊號仍然疲弱，但是股票會領先景氣上漲。

至於反轉的那天，多半是長紅大漲，量會多一點，但不一定會爆巨量，因為還是有很多人被籠罩在空頭氣氛中醒不過來，而採取觀望。

　　奉勸愛做大波段行情的散戶，要耐心等待大買點或大賣點，這也是最安全的投資時機。其他短線進出，少量玩玩即可，不可沉迷。

27 如何判斷「頭部」？

我認為頭部型態的認知訓練有一個環節很重要，就是：多看，並累積足夠的市場經驗。

　　很久以前，在傳說的古老時代裡，台灣股市曾經激情過。

　　在這些古老的故事中，股價在末升段會出現「難以置信」的噴出行情，令市場陷入半瘋進而全瘋狀態，而當天預估成交量也是天量，如果當天真的以巨量長黑收盤，就表示頭部近了。這一天是不是波段最高點呢？不一定。由於爆量的這一天已經相當接近頭部了。這時可以把握賣出時機，因為短線的投機客都會在這一天的最高點先賣一趟，行情會被殺到最低點附近作收。──這是以前的「古老頭部」的故事，我把它叫做「老頭子」。這些老頭通常都比較大。

　　近年來台股有許多小頭，橫盤震盪一段時間之後，出了大量，就差不多可以賣了。這些小頭的判斷方法，如果講的比較死板的話，是跟老頭不一樣的。但是基本上的心法還是可以互通的。

以前還要特別小心一種特殊的型態，就是尖頭反轉。

這裡有許多附圖提供讀者參考，請大家熟讀，最好把圖背起來。我認為頭部型態的認知訓練有一個環節很重要，就是：多看，並累積足夠的市場經驗。見聞廣博以後，才可以熟能生巧並進一步激發操作靈感。

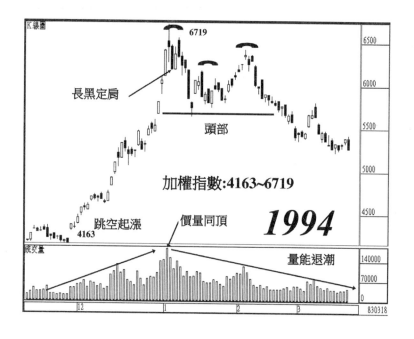

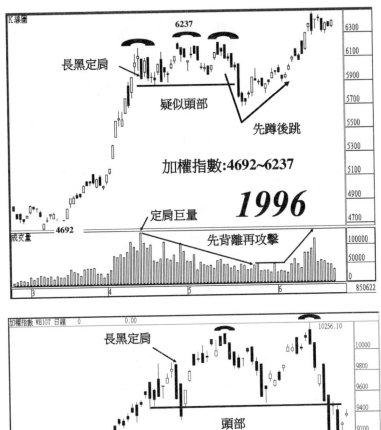

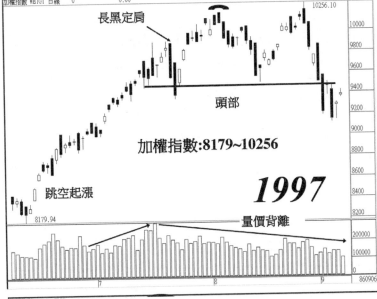

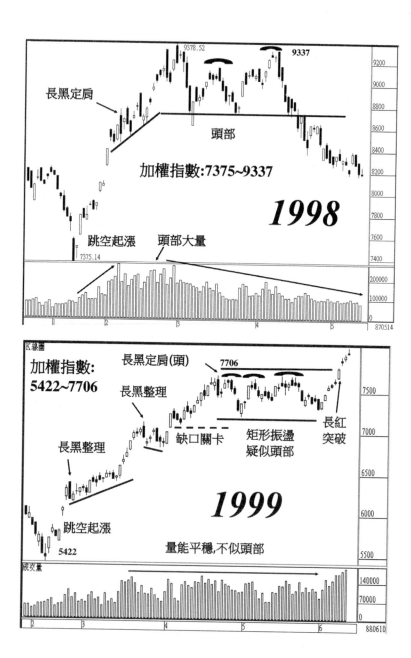

長黑定肩

加權指數:7375~9337

頭部

1998

跳空起漲　　頭部大量

9378.52　　　9337

7375.14

870514

K線圖

加權指數:
5422~7706

長黑定肩(頭)　　7706

長黑整理

長黑整理

跳空起漲

缺口關卡

矩形振盪
疑似頭部

長紅
突破

1999

量能平穩,不似頭部

5422

成交量

880610

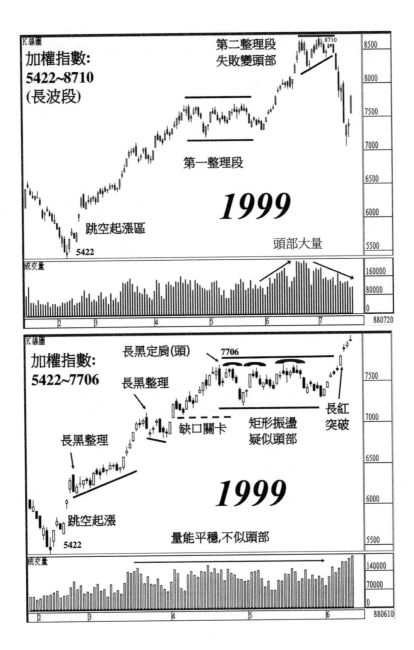

K線圖

加權指數:
5422~8710
(長波段)

第二整理段
失敗變頭部

8710

第一整理段

1999

跳空起漲區

5422

頭部大量

成交量

880720

K線圖

加權指數:
5422~7706

長黑定扃(頭)

7706

長黑整理

長黑整理

缺口關卡

矩形振盪
疑似頭部

長紅
突破

跳空起漲

5422

量能平穩,不似頭部

1999

成交量

880610

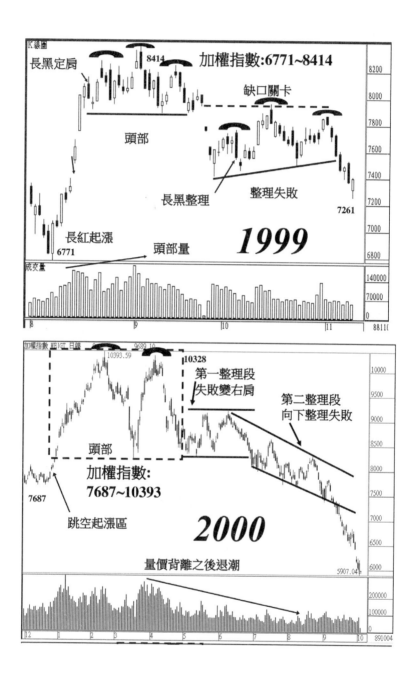

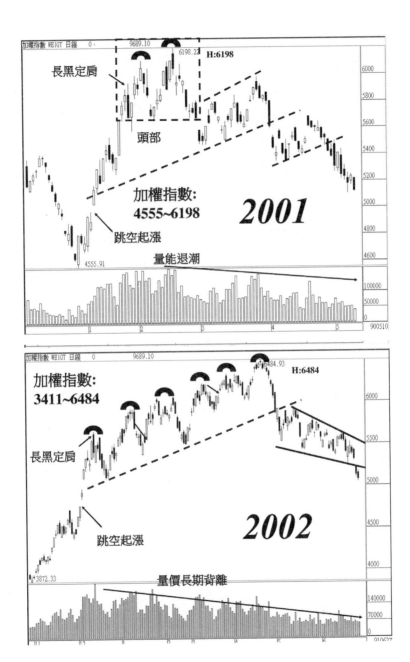

加權指數 WEIGT 日線　0・　　　9689.10

長黑定肩

H:6198

頭部

加權指數：
4555~6198

跳空起漲

2001

量能退潮

加權指數 WEIGT 日線　0　　9689.10

加權指數：
3411~6484

H:6484

長黑定肩

跳空起漲

2002

量價長期背離

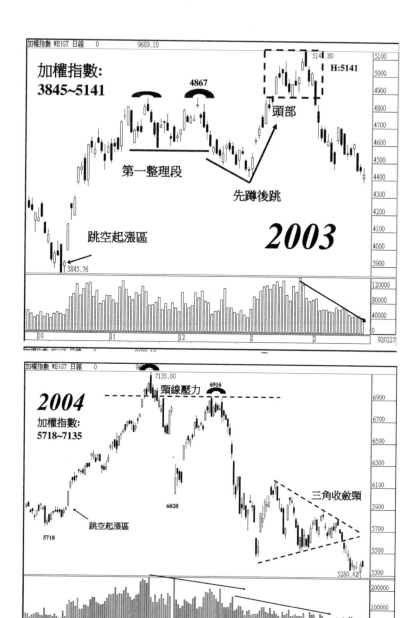

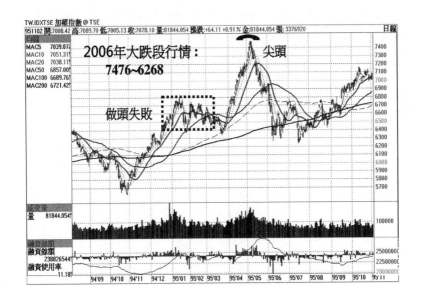

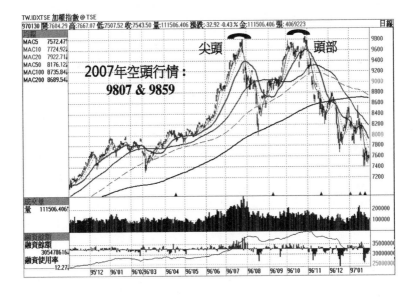

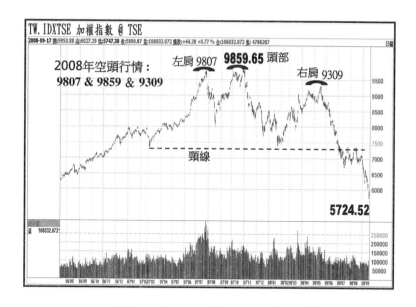

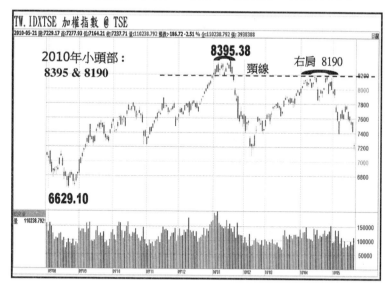

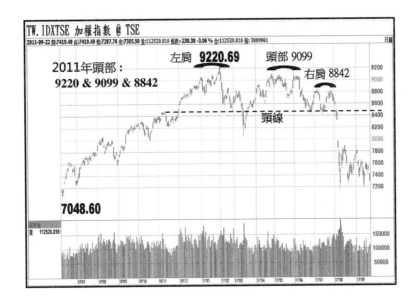

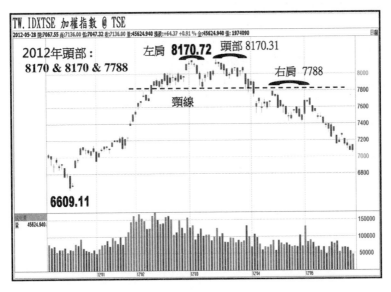

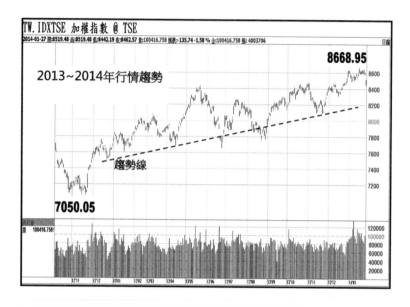

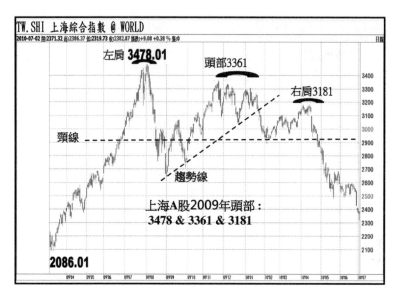

上海A股2009年頭部：
3478 & 3361 & 3181

上海A股2010年頭部：
3186 & 3067 & 2826

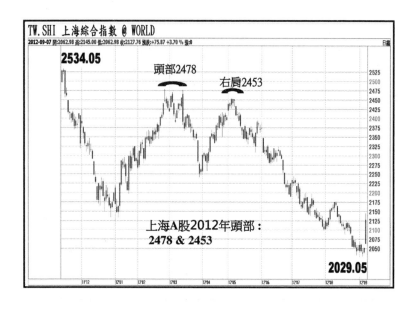

上海A股2012年頭部：
2478 & 2453

上海A股2013年頭部：
2444 & 2344 & 2334

28 如何在頭部反轉後的「震盪」賺錢？

在頭部搶反彈，多半是買強勢股，因為強勢股比大盤晚做頭，
也比較晚才下跌。

　　頭部反轉下跌一大段之後，會出現震盪盤，這種盤的操
作難度相當高，我奉勸一般散戶此時退場不做，其原因如下
（在此以過去經典案例中的「大型頭部」為例來講解，因為這
樣更容易解釋清楚）：

（1）大盤從起漲區到初升段一路上漲來到頭部，這期間
　　　的態勢都還算明朗，頭部下挫來一段「修正」也是
　　　理所當然，這一段下跌修正完成後，整個波段從漲
　　　到跌就算暫時交待完畢，下來就是「**盤整待變**」，變
　　　後往上或往下，判斷難度高，需要再等幾根線形出
　　　來說話。

（2）**在頭部搶反彈，多半是買強勢股，因為強勢股比大
　　　盤晚做頭，也比較晚才下跌。**因此，在頭部買進主

流強勢股還可以搶到一段末尾行情（指短線而言）。然而，當大盤下跌修正之後，主流股再怎麼強，早晚也會跟上大盤下跌的腳步，這時大家都做了修正，就很難判斷誰是主流了，對於想買進的人而言相當為難（買進心態暫時以搶反彈視之）。雖然說下跌後的震盪盤也是採「高賣低買」的原則，但是由於它的震盪型態不像頭部的三尊頭那樣有規律，甚至有點雜亂，就算是知道買賣規則，也不容易挑對貨。

（3）對做空的投資人而言，也要隨時有被短軋的心理準備，因為此時剛從頭部下來，景氣尚未變壞，陸續還會有好消息發布，主力會利用反市場心理忽然拉高軋空。除非像1997年10256點反轉之後的大跌段，以及1998年9377點反轉之後的大跌段，這兩個大跌段都是因為前面已經走了兩年的大多頭，景氣尚在高峰，所以殺盤配合殺融資，力道凶猛，見漲就空的利潤相當大。相較之下1999年8701點反轉下跌的情況則有所不同，由於此前市場已走了一年大空頭，且景氣尚在谷底爬升，故不宜做長空。

　　大體而言，散戶在市場從頭部下跌一段後，就應該跟隨大盤的節奏，放慢投資腳步。理由很簡單，熱鬧了這麼久也

該休息了，而在這種「休息的盤」（來回震盪）中，波段利潤通常不會太大。這種盤多半是當沖客在玩，反應不過來的散戶，還是遠離為妙，免得兩面挨耳光。

29 如何用「移動平均線」做股票？

移動平均線法的優點是：數字明確；缺點是：太機械化，違背人性。

　　技術分析的應用中，我認為有兩項工具最為重要，第一是K線，著重每日多空力道之交戰，較偏向短線；第二是移動平均線，著重於趨勢力道的形成，可長可短，兩者如能相輔相成，則對短中期（3天至1個禮拜以上）的波段操作者有一定的助益。

　　先澄清一個觀念：**一般投資人常用的移動平均線是以收盤價計算的，因此它本質上是一個落後指標。**以6日線為例，通常會落後約3天。而一般短線客往往根據「逢三則反向」的操作策略行事，因此當平均線開始翻揚時，股價可能已經上漲3天，導致投資人不敢追高。然而，根據我的觀察，此類情況多數會以「錯失良機」作為結局。只要稍微加強判斷，便可以嘗試「慎重追高」，此點容後詳述。

　　接下來進入主題：這裡將討論常用的移動平均線，包括

5日線、10日線、20日線（月線）、60日線（季線）、120日線（半年線）、240日線（年線）、10年線及13年線等。

對於台股投資人來說，以下五項原則需要先弄清楚：

（1）5日線太短，適用範圍有限：5日線僅在大漲段、緩漲段和盤跌段具有實際參考價值，除此之外不建議使用，避免干擾操作判斷。

（2）均線支撐不等於必然反彈：當股價盤中下跌觸及均線支撐時，不一定都會反彈。雖然長天期的均線往往能帶來較急且強的反彈，但這並不保證在今天過後不會再次跌破，因此操作時需要謹慎觀察。

（3）10年線是台股最重要的多頭上升趨勢線：在2000年萬點大跌之前，台股的加權指數基本沿著10年線呈現上升趨勢。雖然10年線有可能被跌破，但通常會在此線附近震盪打底，隨後展開新一波的多頭行情。

（4）20年線是台股的最後防線：在2001年的最低點3411曾一度跌破20年線，但隨後迅速展開了大幅反彈的多頭行情。同樣地，2008年金融海嘯時，台股也曾跌破20年線，低點是3955，然後「緩慢」震盪展開大多頭行情。

（5）60日線的隱患：坊間有些老師會提倡60日線的操作法。但問題是移動平均線的操作偏機械式，缺乏人性，也間

接鼓勵投資者不去思考，而只是盲目遵循規則。然而，真正能夠熟練運用60日線操作的人，絕非坊間股市老師的素質所能勝任的。投資人切勿輕信他人口中的操作理論，因為許多人雖然熟知60日線的操作方法，但他們實際上並不依賴移動平均線進行操作。

移動平均線法的優點是：數字明確，不像型態學的圖形識別認定的彈性太大，所以常常引起爭議。缺點則是：太機械化，違背人性。有志於學習移動平均線的讀者務必先了解它的優缺點，然後克服自己的人性障礙，接受此法缺乏人性的缺點。如此才會減少走歪路而浪費寶貴的學習時間。

操作策略：
操作是複雜的心理學

做股票，可以貪，但是要貪得有方法，

不要妄想任何一檔都要賣在最高點。

「抱短非君子，無貪不丈夫」，這就是股市充滿誘惑力之所在。

30 被套牢了，怎麼辦？

> 碰到套牢虧損時，情緒會變差，理智會衰弱，會變得不敢停損。此時要冷靜下來，思考一些事情。

對新手而言：買股票是很簡單的事（因為他會亂買），賣股票是很困難的事，「上車容易下車難」。

對初級投資人而言：進場時機的挑選比較重要，出場比較簡單，「下車容易上車難」。

對資深投資人而言：抱單比較重要，「待在車上不動，忍著不下車，很難」。

對投資老手而言：部位最重要，「進出都是大手筆，超難」。

我建議初學者不可偏廢，要知道以上這些都很重要。然後，很多股市贏家都會異口同聲地說：停損最重要。

但是知道歸知道，碰到套牢虧損時，情緒會變差，理智會衰弱，會變得不敢停損。此時要冷靜下來，思考一些事情：

（1）我使用的操作系統是長線？中線？還是短線？

（2）價格有沒有觸及我的操作系統預設的停損點？如果沒有，原則上就不應該輕舉妄動。

（3）如果等一下就碰到我的操作系統預設的停損點，那麼，我會不會捨不得停損？──如果無法執行停損，代表我的心理建設還不夠。

這裡有一個大問題，就是：你要先有一個完整的操作系統，然後，必須相信系統，遵照系統規定的停損點跟停利點去做。

如果不想設停損點，我建議使用「多元多支的分散投資法」。也就是不要只買少數幾支股票，要像基金一樣分散配置更多的標的。這樣一來，如果單支個股發生50％以上的虧損，也會因為單支股票投注的資金比較少而將虧損稀釋掉。

這是一個很重要的觀念，尤其是偏重基本分析的朋友，我建議要特別注意這一點。

接著，我們來談一點比較實際的狀況。那就是：一般散戶被套牢以後會「胡思亂想」。意思是說，他會嘗試去做很多的「判斷」。

台灣股市很多人做的是「隨機應變」的「投機股操作法」，也就是說，無論手中的股票是不是投機股，都將其當做短線

來做。然而,問題在於:短線的操作其實是比較難的。

我嘗試說明這種「判斷」的困難所在。以下四點,都是難度較高的操作觀念。

(1)如果你是一個很有經驗也懂得很多的操作者,假設你被套在「頭部」,而手中的是「主流強勢股」,那麼在頭部還沒走完以前,有機會解套。然而,如果是非主流股,那麼你買進的心態可能是眷戀它主升段的光輝歲月,這種心態是錯誤的,**由於在頭部主流股會吸走大部分資金,非主流股就變成無量下跌,所以有紅就要賣。**

(2)被套在「初跌段」或「主跌段」,很可能是搶反彈惹的禍,那就趁長黑大跌還沒來之前,盤中找高點賣吧。**一般散戶之所以在漲時賺的錢不夠初跌段的時候賠的錢,原因在於散戶在初、主、末三個漲升段換股動作頻繁,**賺的是一小段一小段的小利潤,但頭部震盪完以後的下跌段通常是以陡削的角度殺盤,來不及走的人可能在一天之內就賠光一個月賺的,這時候的套牢,可能就是退場的代名詞,因為就算還有子彈,也不知道買什麼才好。

(3)**當大盤一旦走完末升段步入橫向整理,就要慢慢減**

碼或者狠下心來一次減碼以避免尖頭反轉的威脅（我個人是採取一次減碼的策略！砍光後就算看錯，意志也不可軟弱，要堅強），並且密切注意震盪幅度，耐心等待反彈賣出，但千萬不要寄望完全解套，要知道反彈之後小虧賣出，跟大跌之後認賠賣出是上下兩個相反方向的拉距，差很多錢。

（4）從基本面而言，套時重質，如果被套的股票不是龍頭股或績優股，被套後不要做長期投資。

以上四種觀念，表面上看起來沒什麼問題，但實際上僅適合高手使用，初學者很難上手。為什麼呢？以第一種觀念而言，你很難知道哪裡是「頭部」，也很難知道自己手中的到底是不是「主流強勢股」。

很多股市書籍在這點上都沒有講的很清楚，讀者必須自己多注意。所以我建議讀者要先建立自己完整的操作系統為優先。

31 如何避免被套牢？

「如何避免被套牢？」其實這就好像「如何避免失戀？」

　　套牢是投資中難以避免的情況，初學者要想的是：不要太害怕被套牢，而是要害怕被套牢以後沒有一套計畫去應付未來。

　　很多人都會千方百計地去想「**如何避免被套牢？**」

　　其實這就好像「**如何避免失戀？**」──其實我們不應該害怕失戀，而是應該害怕失戀之後無法重新振作。

　　這個道理其實很簡單，也很容易理解。但是很多經驗不足的股市新手就是會花很多時間去糾結於「避免套牢」、「避免虧損」的問題，結果到頭來才發現想了那麼多，其實對於實際的操作幫助非常有限。

32 注意股票就好，何必管大盤指數？

以前在聽到「大盤不好了，指數要開始跌了」的時候賣股票一定錯不了，現在可不一定。

　　台股自從脫離齊漲齊跌的現象之後，近年來的發展愈來愈有「**重選股不重指數**」的趨勢，分析其原因大概有二：

（1）股市的流動資金只有一套，而上市家數愈來愈多，無法用有限的資源去推動日益擴張的龐然大物，所以資金自然就流向散戶認同度較高的個股。

（2）經過1997、1998兩年金融風暴以及2000年萬點大跌的洗禮之後，愈來愈多體質不健全的上市公司面臨被時代淘汰的命運，甚至部分傳統產業的好公司也經歷過一段轉型的時期了，在散戶大量失血之後，市場自然就偏向於每年穩定成長的股票，不論是傳產股或是電子股。

在這種情況下，最可能發生的悲劇就是「指數漲了一兩千點，而你手中的股票卻反而一直下跌」，於是大家就喊出「只在乎選股，不要管大盤好壞」的戰略，本來是長期投資的方法，卻變成做短線的招牌。

這種策略的最大盲點就在於「**選股**」，分析如下：

（1）選股不是人人會選，而且也分短、中、長期，難度非常高，一般散戶多半是以「追逐盤面強勢的股票」來當作「選股」的工作，這種工作做久了就變成「聽明牌」，很危險。

（2）在聽到「重選股不重大盤」的口號時，多半是指數陷於盤整之時。以前在聽到「大盤不好了，指數要開始跌了」的時候賣股票一定錯不了，現在可不一定了，如此一來，散戶會失去戒心，**以為大盤漲跌完全與他手中個股無關，這是不對的。**

（3）就是因為選個股，所以種類繁多，體質各異，情況日益複雜，有的時期炒作單支冷門股確實與大盤無關，有的時候某支股票的飆升完全是大盤大跌前的迴光返照，又與大盤有關了。

（4）最需要提醒你的是：「選股」的結果可能馬上會看到「指數沒有動，但是某些個股飆了個四、五成」，但

以後可能也會看到「指數漲了個兩千點，但是某些個股卻跌到剩一半」的悲劇。

　　總之，選股是一門大學問。如果是長期投資，我建議使用巴菲特的選股方法。如果是短線投機，我不建議散戶介入。因為與巴菲特的方法相比，短線操作過於講究天賦，對大多數人而言是很難跨越的門檻。

　　避免選股失敗最直接的方便法門，就是**操作指數型基金**，但也是有一套系統的，不是隨便亂買。散戶在培養功力的初期學習階段最好是同時注重大盤的整體趨勢，然後搭配對於個股或產業面的基本面的了解。至於其他的，只能等基礎功力穩定之後再說了。

33 能否追逐投機性強的飆股？

玩飆股，務必每天提醒自己三遍：「我是投機客，我要很小
心。」

　　我首先要聲明的是：**一般散戶不適合玩飆股**。但是很多
人玩股票，就是在追逐飆股，如果你也屬此類，為了各位讀
者好，我的立場是持反對意見的。

　　接下來，假設你是一位閒錢非常多的「大玩咖」，反正錢
很多，所以做做飆股也無傷大雅，小賭怡情嘛！——如果是
這樣，我也只好很無奈地分享一下個人對於飆股（屬於投機
股）的看法。

　　玩飆股，務必每天提醒自己三遍：「**我是投機客，我要很
小心。**」

　　飆股玩家須注意下列幾件事：

（1）飆股常常吹牛自己的本益比太低，所以飆漲有理，但不論它的收入是來自業內或是業外，股價在大漲一段後勢必會進入下跌修正，持有者在上漲段就可以拋售清光（因為必須擔心尖頭反轉），不要再接回來了，也不要去看它，後面一段留給別人去玩，不要貪心。我知道這種做法有點窩囊，但這是為了大家好，因為不是每一個玩咖的技術都像資深老手一樣厲害，懂得在哪裡接回來。

（2）如果下跌修正是以連續跌停板向下殺，表示這裡極有可能就是頭部，而且氣氛偏向過度炒作，此時很難賣掉，萬一很幸運等到反彈，跌停板打開，則務必要賣，不可再貪！

（3）飆股崩盤之後，向下跌了一大段，突然又見漲停板（第一次），此時不可追進！

（4）玩飆股，要特別小心騙線，尤其是向上突破的騙線，而且少看技術指標為妙，因為它既然飆，必然不合理，所以指標抓不住它，老手只有憑經驗感覺去拿捏它。

（5）飆股一旦被套，「持股長抱」為大忌！莫忘這只是玩短線，小心它跌回原點！

總之，一般散戶玩飆股，必須要設「**停利點**」，切莫太貪，因為飆股超漲超跌，超漲的一段你可能沒辦法完全賺到，超跌的那一大段卻可能完全承擔，成為「生命中不能承受之重」。

34 何時才能「貪心賺更多」?

要貪可以，但是要「貪得理智」，換言之，貪心也是有方法的。

　　基本上，我並不鼓勵投資者在股票上漲時過度貪婪買進。一條魚從頭到尾都想要吃並不是明智的選擇，然而，市場有時候會出現一些股票一路朝氣蓬勃往上竄，絲毫沒有敗筆，這種情況真是「抱短非君子，無貪不丈夫」，這就是股市充滿誘惑力之所在。

　　要貪可以，但是要「貪得理智」，換言之，貪心也是有方法的。以下幾點提醒你，也提出方法供參考：

（1）由於台股市場愈趨成熟理智，籌碼也愈來愈多，所以投資人最好不要緬懷過去一大堆個股動輒大漲3倍、5倍甚至10倍的光榮歷史。現在的情況，漲個兩倍就要放鞭炮了，這一點一定要有心理準備。

（2）一般散戶**絕不能以追逐飆股為志業**，否則極可能賺

一賠十。投資人應花點時間在尋找長波段有上漲潛力的股票，雖然賺得慢，但風險較低。

（3）飆股是指連續以漲停板跳空上漲的股票，保守者賺三個停板就夠了，膽大者在連續漲停板後第一根長黑時搶進，再遇到第二根長黑時賣光，不過此法過於冒險，不保證都會走這種模式，而且第二根長黑萬一很快壓到跌停板，就賣不掉了。

（4）貪心只能用在比較大的波段，以前一年大概只會有一兩次機會，2011年以後大概兩年只有一次而已（不過，2014年以後我不敢講）。大波段的上漲機會既然不多，就不要「隨便貪」，慾望要節制一點，不能隨便點燃慾火。

（5）「貪心賺更多」，就是要運用「向上滾雪球」的方法獲利。

當投資者產生「貪心」的慾望時，表示已經賺到了，並且還想賺更多。既然股價正在上漲中，依照美國70年代傳奇投資人達瓦斯（Nicolas Darvas）的見解：「沒有理由要把正在上漲中的股票賣掉，只要把停損（利）點一直往上提高就好。」這就是機械式操盤法的要訣。然而，投資人在股價下跌時，往往因為聽到各種不好的消息而產生恐懼賣出持股。

同理，在股價上漲過程中，也可能因為聽到許多亂七八糟的消息而產生疑慮過早賣出，以求落袋為安，卻可能落得「少賺後面一大段」的遺憾。

在已經獲利的漲勢中，逢拉回加碼（但須不跌破停利點），但是要愈買愈少，如此一旦價格回挫，頂多也只是打平或小賠而已，這就是**「向上滾雪球法」——先處於不敗（已獲利）之地，再趁勝追擊。**這種方法適合所有做多的股票，要是碰到飆股會產生最大的功效。但是一般人很難把滾雪球法做好，因為資金一大，心理就失控了！心理一失控，虧損也可能變成像滾雪球！

所以，奉勸讀者，如果一定要滾雪球，千萬要小心行事。

與「向上滾雪球法」（金字塔三角形向上愈買愈少）相反的是「三角形向下攤平法」（金字塔三角形向下愈買愈多），此法基本上我不建議小額投資人使用，因為它是在已經發生虧損的情勢中美化帳面損失，擴大虧損的機會，詳細理由在下個問題中再述。

總之，做股票，可以貪，但是要貪得有方法（善設停損點，停利點），尤其切忌「貪得無厭」或是「貪的自己沒有感覺！」不要妄想任何一檔都要賣在最高點。

在貪心中保持一點客觀的超然是絕對必須的，否則，到時候執行停利或停損的動作可能會變成一件麻煩事。

35 能否用「三角形向下攤平法」解套？

股價下跌後，沒有必要在下跌的時候跟它談交易。

所謂三角形向下攤平法，就是說在股價100元的時候買進1張，跌到90元就買2張，再跌到80元就買3張……「愈跌愈買」是這種方法的精神，「愈買愈多」是這種方法造成的現象，試問：你在股價一直下跌時，能否用最大的耐心保持這樣的勇氣（敢買）？而且有信心會一路買到它真正的底部？

「三角形買進法」是大戶常使用的方法，但是在一般情況下，並不建議散戶使用，原因如下：

（1）散戶的資金有限，三角形法所需的本錢龐大，故不適用。

（2）用這種方法買股票的多半是法人大戶，他們是「選中」某檔股票後才運用此法敲進，跟一般散戶因為買在高檔被套牢所以「不得已」只好向下攤平的狀

況不同。凡是「被強迫」的「無奈式操作法」必定會有心理壓力，故不建議使用。

（3）一檔真正有上漲潛力的股票，就算買在高價區，它回檔的幅度可能高達30％，如果它真的有那麼大的下跌空間讓你攤平，就必須小心它可能會破底，不但是「愈攤愈平」，而且搞不好連累剩餘的資金也被套住，半年到一年都不能再操作其他股票。

（4）婚姻是終生大事，如果不幸選到錯誤的對象，還堅持傳統的教條與他長相廝守，只會讓時間加重感情負擔，不但對現況毫無助益，而且還會摧殘未來的幸福。同樣道理，如果被套牢後想到的第一件事就是攤平，很容易喪失第一時間的脫身機會，因為在這個緊要關頭，你應該做的事可能是「加碼放空」，而不是「加碼買進」。

（5）操作股票的核心原則是「不做沒有把握的事」。向下攤平法的依據是「我認為底部就在那裡」，既然認為它不是「無底洞」的空頭股，為何不在你認為的底部附近等待反轉訊號再大力買進？要知道這種「等待時機一次買進（攻擊）」的方法跟向下攤平法使用的資金差不多，但一個是積極爭取獲勝，一個是消極等待翻身，基本精神差很多。

股市名人黃任中曾經說道：「做股票，追漲殺跌才會賺。」不過這兩句話是指波段操作而言，不是指當沖或是一兩天的短線——「波段漲勢確立，加碼追買；跌勢確立，殺光持股」，這是做波段的基本道理。所以，股價下跌後，沒有必要在下跌的時候跟它談交易，除非你是像法人一樣，有紮實的基本面研究功夫，知道這檔股票在將來（你可以忍耐的一段等待時間）一定會再度翻漲，而且你的資金多，有大胸襟、大氣度、大格局，如此，自然可以向下攤平，從容布局，等待獲利。

36 如何設立停損（利）點？

應該學習的是一套完整的操盤系統，而不是局部的停損點設置方案。

　　大家想必都對設立停損點的觀念耳熟能詳，可是能做到的人卻不多，因為這裡頭充滿了迷思，困難重重。

　　我的建議只有一個：每個系統所用的停損法不一樣。

　　有的系統的停損點剛好是別的系統的進場點，幾乎完全倒過來！所以讀者們應該學習的是一套完整的操盤系統，而不是局部的停損點設置方案。

　　換言之，系統是大格局，停損點的設置是大格局裡面的一個方案。要先見林，才能見樹。

37 什麼情況下，禁止進場做股票？

最重要的一點：看不懂的時候，就不要做。

這個問題，比較偏重於做短線的人，以下是幾種情況需要特別注意：

（1）體力不佳，無法長期抗戰者，會影響判斷力與忍耐力，易生失誤，宜退場觀望。

（2）過去的操作績效不佳，連戰連敗、虧損累累，卻急著想馬上翻本的人，宜先退場休養，收拾起浮躁的心，檢討失敗，不要急著明天就能馬上報仇，而須耐心等待機會，這點尤其在多空不明的難盤中要嚴格遵守。

（3）借來的錢占整體資金比重超過三成，心理壓力過重，將喪失耐心與毅力，此時宜退場觀望，等待明顯的大行情。

（4）連戰連勝，意氣風發，以為賺錢就是那麼簡單，自己就是那麼厲害，於是出手愈來愈勇猛，膽子愈來愈大，押寶的資金也愈來愈多。然而，正是在這種情況下，盤勢極有可能反轉，因為一套相同的操作策略在連戰皆捷之後，表示適合此策略的局勢已發展至盡頭，一旦變臉，在「英雄不低頭」的硬頸風格之下，容易受重傷。所以真正的勝利者，應該明白盛極而衰的道理，見好先收，先收斂自己的傲氣，以退為進。

（5）需錢孔急，急著進場賺錢，此舉與借錢一樣，心理壓力過重，違反「做股票要用閒錢」的基本大原則，注定失敗。

（6）最重要的一點：**看不懂的時候，就不要做。**

38 能否列舉做股票十大原則？

如果你想要打中罕見且移動迅速的大象，那麼你應該隨時把槍帶在身上。

—— 美國股神　巴菲特

在此謹提供我認為台股買賣一些重要的原則：

（1）散戶如果不是專家高手，切忌每天看盤。最簡單的一種方法是，趁大跌以後，指數跌到相對低檔之後再進入市場（缺點是這種機會很難等，就算等到也不敢買）。

（2）跟隨景氣循環曲線做股票。當景氣從高點翻落跌入谷底，進場布局；當景氣爬升至高點沸騰，即將盛極而衰，可出清持股（缺點是如果市場跟景氣發生嚴重的不同步現象時，就麻煩了）。

（3）最重要的是：讀者必須學習一套屬於自己的操作系統（通常是找對老師才學得到，自己研發很難成功）。

（4）找不到明師學系統的時候，就只剩巴菲特的系統方

法比較公開化而且容易學習。於是乎，就跟著巴爺爺的相關書籍學習他的思考吧。

（5）少聽亂七八糟的消息、不帶感情、不要有成見、不要固執。也就是說除非是大行情，否則不要去亂猜它會漲到哪裡或跌到哪裡，如此操作才會靈活、快樂。

（6）小型投機股，只搶短，不抱長。

（7）短線很難，我反對散戶沒有經過嚴格訓練就自己貿然介入！

（8）不要忘記曾經犯過的錯誤。

（9）不要忘記自我學習、終生讓自己接受教育。

（10）不要一天到晚想翻本，要等待機會。

39 能否列舉選股十大原則?

投資人的心境必須和烏龜一樣,慢慢觀察,謹慎買賣。

—— 日本股神　是川銀藏

（1）除非大行情才會輪漲,也不要希望每年都會有大行情。

（2）要注意產業的榮枯循環性,要小心夕陽工業,以及落伍的觀念。

（3）好大喜功、愛作秀的老闆,不要去碰他的公司。

（4）不要因為好股票的價格不便宜而不敢買進,也不要只因為價格很便宜就買進。

（5）少用EPS（每股盈餘）去選股,那是炒手的事。

（6）培養正派的心胸,不要迷信天天變的明牌,偶爾追逐一下無妨,沉迷就不好。

（7）大盤指數跌深了終究還會有一天爬起來,個股的低點出現之後卻可能還有低點,甚至大江東去不回頭,所以個股的逢低買進要選對股,因為指數

不會垮，個股卻可能公司倒閉而拿去糊牆壁。

（8）千萬不要以為大盤與個股沒關係，說得更明確一
　　點：大盤就是個股的輪漲與輪跌，是高手的話，
　　要善用此特點選股賣股。

（9）不要把報紙的證券版當成選股專家，你可能賺得
　　了一時，養成習慣後卻可能大賠。

（10）最重要的一點：股票市場會有變化，所以自己要
　　　保持學習的好習慣。

投資，
是頭腦與人性的雙修

在頭部與底部的操作心態，各該為何？
散戶的致命傷是什麼？
高手的致命傷又在哪裡？
抱股票不要成為一種習慣，而是要憑理性。

40 如何克服「頭部」操作的心理障礙？

不論就心理面或技術面而言，「盤旋待變」的這段時間是最艱困的。

　　在第四章中我曾談過頭部的操作方法，但那只是技術的陳述而已，**事實上，股市中最可怕的現象，就是發生在「大型頭部」**（我是說好幾年才會發生一次的那種大頭，不是小頭），幾乎90％的散戶，都是在大頭慘遭套牢、重傷，甚至因失血過多而陣亡。

　　假如操作者不主動去預測頭部在哪裡，那麼我提供一個觀點，給初學者在練習的時候運用，那就是：**不論目前這個「整理段」將來會不會成為「頭部」，我們都可以暫且把它當成頭部來討論。**——經由這樣的觀點，我們會發現很多「小頭」之所以無法成為「大頭」，泰半是因為「條件不成熟」。

　　在台股較早期的年代中，大盤在急漲過一大段之後，進入盤整，在此期間，有些股票會跟隨大盤一齊做橫向整理，有些則脫離大盤，開始下跌。散戶如果光看大盤來回上下整

理，指數好像有跌不下去的感覺。如果這裡即開始盤一個「大頭」，股市新手就很容易抱牢「即將下跌而還沒跌」的股票，造成悲劇。但是，如果這裡只是「小頭」，或根本不是頭部，而是「上漲段的半途休息站」，那麼，那些新手好像就是「抱對了」——久而久之，碰到盤整段也就不想賣了。

我的意思是：**抱股票不要成為一種習慣，而是要憑理性。**

如果是一個真正的頭部，那麼，在急漲的上升波段時期，傳播媒體的利多消息滿天飛，散戶早就被教育成「基本面很好，值得買進」。這種多頭的觀念很難轉移，使散戶喪失了在進入高檔盤整後「低買高賣」的應變能力，更遑論拿出「全數獲利了結，落袋為安」的正確決心。

如果是一個真正的頭部，那麼，前面的一大段上漲，買的人多，賣的人少。換言之，市場的買氣已經耗費一段時日了，動能勢必有所減弱，就算將來盤整完畢之後還要再漲，大盤可能會用「先蹲後跳」的方式向下洗盤再漲，而一般散戶在此洗盤過程中很難不殺低。

不論就心理面或技術面而言，「盤旋待變」的這段時間是最艱困的。

在台股較早期的年代中，比較大型的頭部為什麼會產生

「高檔震盪」的盤整情形呢？說穿了，就是有人出貨還沒出乾淨，所以必須邊拉邊出。俗話說：「打鐵要趁熱」，盤勢既然能夠攻上去，勢必有利多環境配合，此種環境非一朝一夕就能完全改觀的。大盤在高檔稍做拉回，通常會再次釋放利多消息，引誘散戶買進，主力趁機倒貨，而此時因籌碼混亂，股價很容易因利空消息而下跌，就在利多與利空消息交互發布時，股價跟著上下起落，除非你的心臟夠強，否則建議還是先退場觀望，等待整理完畢的上攻訊號，那種訊號一定是非常強烈而明顯，足夠吸引更多的人去購買。不過，以上的情形多現於較早的年代。換言之，傳統的老式頭部的分析與觀察是比較簡單的，也是比較基本的（對於初學者而言）。

老式的頭部震盪，往往一天大漲、三天小跌；或是三天小漲、一天大跌，盤勢的變化屬於短線。買點的出現，往往是在跌時悄悄來到，過了這個點，再去追高，馬上就被套在高點。大家一定會覺得很奇怪：剛剛還是低點，怎麼一下子就變成高點了呢？

這就是「短線」。喜怒無常，忽晴忽雨，翻臉比翻書還快。

綜合以上所說，我們知道在較早的年代中，因為相對高檔的震盪「有可能」變成頭部，所以很多操作者被「洗怕了」，於是久而久之，就養成了「善變」的性格，今天買，明天賣；後天又買，大後天又賣，標準的「反覆無常」。這種態度，從

表象上來看有一點「職業操盤家」的風格，其實很容易變成短線上的胡亂操作。

所以，初步的結論是：新手只要學習判斷大頭部即可。小頭部，以及不是頭部的震盪段，要忍過去。大頭部的特徵，容我再強調一次：

（1）人氣充沛。

（2）成交量大。

（3）融資餘額創新高。

（4）之前漲很多。

（5）高檔出現長黑Ｋ線跌破整理箱。

（6）跌破長天期均線。

（7）期指未平倉量在高檔創新高。

頭部的判斷邏輯的困難處在於：並不是每一個大頭部或是真正的頭部都會符合以上的七個特徵，有時候只會符合三個，有時候多一些，可能符合五個。

散戶的錯誤的心理認知在於：他們誤以為「每一個頭部」的特徵都一樣。

當然，你也可以設定「當七個條件全部符合」的時候才賣，否則就不賣——這種做法我其實不反對。但是這樣一來，

你大概就會變成做長期投資了，因為七個都中獎的機率不高，大概很多年才會有一次。

我要跟新手說的是：大頭的判斷相對簡單，而小頭的判斷反而比較難。問題在於，容易判斷的大頭，很多年才會出現一次；而操作困難的小頭反而常常出現。

現在的投資者，很喜歡做短線，不喜歡做長線。於是，短線的操作者自然會比較關心小頭的操作技巧。但是，小頭的技巧非常難掌握！

我在這本書裡的責任，就是說實話，把真相告訴初學者。

大頭需要耐心等待，而小頭既然難掌握，就熬過去吧。熬不過去的人，是否要改入短線之門，成為短線的專業投機客？這問題有點嚴肅，需慎重考慮自己的聰明才智以及家庭狀況，還有自己的意志力與身體健康。當然，還要有閒暇時間，以及比較充裕的資金。這樣做短線才會比較道地。

41 如何克服 「尋找底部」的心病？

愈是大型的底部，愈容易判斷，但也愈難等到。

底部跟頭部一樣，都需要耐心等待。

愈是大型的底部，愈容易判斷，但也愈難等到，大概也是很多年才會有一個。

小底部呢？──機會比較多，但是技術困難。

問題在於，很多人認為小底部的利潤也不錯──這種念頭就很容易淪入短線了。

短線不是不能做，而是短線比較難，而且難很多，心理素質要求高，專業素養要夠。這些都不是短時間之內可以做到的事。

但問題是很多人都誤以為，短線是「短時間」之內可以學會的。

哎喲我的媽啊，這是什麼鬼邏輯。但確確實實很多人都是這樣的觀念，誤認為短線可以速成。

真正底部的等待，需要有耐心。

無耐心者，請培養耐心。

如果你覺得「這就是真正的底部」來了，不妨先打開心結，買進一張正在上漲的股票，溫習一下「買進」的心情。畢竟，從冰庫一下子接近火爐，沒有那麼快可以適應過來。

即使只買一張，你也算上車了。

接近底部的時候，不管是基本面、消息面，必定都不好，此時市場的氣氛低迷，成交量萎縮，大家都很小心，很理智，冷眼觀望盤勢的下跌。

然而底部如果真正到了，你就不能再像以前那般清醒、那麼理智——就在一夕之間，垃圾變成了黃金——你必須要「瘋狂」，然後大膽買進。

在頭部，賣出高價（很值錢）的股票，落袋為安，實現獲利。在底部，買進低價（有希望）的股票，買入為安，回家抱牢。

42 | 散戶與高手的致命傷各是什麼？

賺錢只是操作策略正確運作時產生的「副產品」而已，如果過分在乎鈔票增減的心理負擔，要賺錢就難。

「十個散戶，八個賠錢」，這是至理名言，知道的人也很多，奇怪的是大部分的散戶對於「自己就是那賠錢的八個人之中的一個」這個觀念，多半模模糊糊的，甚至根本從理性上逃避此一事實。

股市專家會告訴你，這是因為散戶欠缺「風險管理」意識，高點不會跑，以致被套牢。

誠然，「風險管理」是國人最欠缺的基本觀念，此點不只表現在股市，日常生活亦是如此。颱風、地震、火災、水災，都欠缺未雨綢繆的準備，以為自己生活在幸福裡，不會有什麼意外發生，哪個人敢提出危機警告，往往被人罵成「烏鴉嘴」、杞人憂天、「神經病」。

我想更進一步指出，不只是散戶，甚至高手犯下錯誤的主因，往往也是因為一種心理：「執著」。

這個現象以往被解釋為留倉風險，但在此，我想從另一個角度為大家講解。

大部分散戶買進股票，等待上漲，是很自然的事情，但問題就在於如果它不漲，那要怎麼辦呢？坊間所有的股市教學書籍都是在教你如何去判斷「未來」走勢。但是，我特別要強調再強調——如果你不能「捨棄過去」，勢必不能心平氣和談「未來」，遑論在未來繼續保持健康的行動力來處理手中的股票了。

人性的弱點在於，當做了什麼事以後，如果要馬上承認錯誤，真是一件非常難堪的糗事，大多數的人寧願再多花點時間，多等等，以證明自己做的沒錯。所以，在這段等待的時間裡，買進的股票被當成寵物一般，萬般不捨，當然，在這個時候，跟他講什麼理論經驗都屬無用，因為他只愛聽甜言蜜語（股市中長期多頭格局不變，明年會漲到……諸如此類的話），而且他還會自動地、不知不覺地去從媒體中尋找那些足夠支撐他等待下去的分析評論，藉以安慰自己可能已經犯下的錯誤。

即使是高手，也會因為「部位已經建立了，所以捨不得殺出」而喪失原有的公正客觀性。在這個時候，所有的技術分析、基本分析……什麼什麼分析都屬枉然，因為成見像山一樣擋在那裡，它只會選擇「有利」於它的資訊（但不一定

是對的），而對於異類採取排斥或刻意模糊的含混態度。

事情如果到此地步，試問：就算有再豐富的知識、再強的分析能力，又有什麼用呢？因為人已經變得「偏心」了，連帶所有的知識能力都無法發揮正確的功效，甚至還會為自己犯下的錯誤找藉口，予以強化鞏固，變成「精神勝利」式的阿Q。

當然，我並不是教大家每天殺進殺出做當沖，一張股票都不留宿，只是在說明「不客觀」的這項人性弱點，在金融操作中會造成多大的傷害。

所有的知識運作分析，必須從客觀的角度出發，才能發揮行動的力量。股市操作最殘酷的地方，就是它不但要求你要運用知識，而且要產生具體的行動。我看過很多稍具實力的散戶在那裡「看空做多」或是「看多做空」，就是因為先前已經犯下錯誤，後來理智上稍稍感覺已經不對勁了，卻還憑著自己幾分本事硬與趨勢對作，其下場通常以慘敗收尾。

也許各位讀者們已經知道該做什麼了：如果你是個做短線的散戶，買進股票後，每天至少有個20分鐘到半小時，暫時忘記你買的東西，冷靜下來思考趨勢，不要排斥非理性的漲跌，絕不要有思考的死角，當整理出一個清晰明確的結論之後，才能知道未來應該怎麼做。這樣很累，沒錯，所以基

本上我不鼓勵做短。

要擺脫此一致命的弱點，只要詳細規畫：「**如果大跌我該怎麼做？**」、「**如果大漲我又該怎麼做？**」朝這兩個方向去想，不要逃避，不要以為現在情勢一片大好，明天絕不會大跌，要知道股市往往是朝多數人認為的反方向發展的，如果肯轉身做逆向思考，真的可以減少許多巨額的損失。

總之，**不管你是做多還是放空，先忘掉今天收盤時帳面上的盈虧數字**，拋開歡喜與悲傷，不要讓「金錢」這個因素影響你的客觀研判能力。要知道，賺錢只是操作策略正確運作時產生的「副產品」而已，如果過分在乎鈔票增減的心理負擔，要賺錢就難。

43 老手最難跨越的心理關卡是什麼？

一個成熟的投資人，在從新手蛻變成老手這段過程中一定會先遇到「偏多」的心理障礙，然後再碰到「偏空」的心理關卡。

這裡要談一個很普遍，卻很少人明講的現象，就是「**新手偏多，老手偏空**」。

這個現象形成的原因，大略可以分為以下三種：

(1) 當年初入股市之時，總是難免買在高檔套牢，從此得了恐懼症，不敢抱太多股票過夜，生怕重蹈覆轍。

(2) 股海翻騰多年，賺少賠多，對自己信心漸失，愈來愈不敢出手，連帶對股市也一併產生觀望，遇到下跌時產生「剛才不出手是對的」的「繼續觀望」心理；遇到上漲時產生「不要追高，再等等」的「繼續等待」心理。

(3) 股海翻騰多年，看透了股市中「上漲時瘋狂炒作，東窗事發後一路下跌」的悲劇，對於台股盛行的內

線交易、鎖碼換單、利多哄抬、誘多倒貨等不光明的手段心存戒心，久而久之，自然偏空，看到股票漲個五成就認為是「炒作」。

本書雖然一再強調風險意識，但以上三種情況又屬太過。「風險」是任何金融操作中都存在的因素，我們的工作就是要去評估它、審視它，用經驗、智慧去思考它到底會怎樣影響我們的交易。換言之，**任何交易都有風險**，不可能有一樁交易是完全零風險的，而一個成功的投資人就是有辦法挑選到「低風險」的時機下手，讓自己受傷的機會降到最低。

舉例來說，雖然會游泳，但是誰沒聽過「善泳者易溺」這句名言呢？如果是這樣就從此不敢下水，那就一輩子享受不到游泳的樂趣了。股市也是如此，這地方本來就是處處陷阱，步步危機，所以保守者等很久才進出一兩次，積極者要學習各種防身技術，這都是為了「降低風險」，但不可能完全規避風險。

凡事過與不及，都易遭受失敗。以下提出三種方法，希望能對這種偏空的毛病有所助益：

（1）老手的危機感過深，買進後不敢久抱，更不敢追高，賺不到飆股數倍的利潤沒關係，怕的是真正的波段

行情來臨之時，也因為過度的保守而喪失進場的良機。

如果是這種狀況，勸你暫時遠離交易市場，因為繼續待下去，你還是不敢大力買進，倒不知先退出，慢慢化解掉一部分多餘的「危機感」，等心境清明了，自己真正的實力浮現出來了，再進場。

（2）如果你覺得你的危機意識「到最後」終究會靈驗，所以還是不敢買，建議你在期貨市場避險，現貨市場你還是可以買進做多，過過癮。金融市場有一個共通特性是：**多頭的時間比較久一點，但是漲得比較慢，上升的角度也比較平緩，然而空頭市場的時間雖然比較短，但是下跌的速度比較快，角度也比較陡**。利用此一特性，在危機感開始萌生之際，應該還有一段漲勢，不必立刻賣光翻空。

（3）最糟糕的一種是不但偏空，而且還喜歡去放空飆股。這一類情形，觀察強勢股一路上漲，融券也一路激增的情況就可以了解。

就算股票的飆漲都是炒作哄抬，也不一定馬上會遭遇到「現世報」，更何況還有一句「不是不報，時候未到」的名言！所以偏空的老手們一定要去體會做多者「瘋狂之後還有更瘋狂，更瘋狂之後還有超級

瘋狂」的多頭特性，才能戒掉「看到三根紅棒就想去放空」的壞習慣。

　　總之，要改掉偏空的毛病，別無他法，一定要有「求進步，再學習」的決心。一個成熟的投資人，在從新手蛻變成老手這段過程中一定會先遇到「偏多」的心理障礙，然後再碰到「偏空」的心理關卡。偏多的毛病在被套牢個幾次，大跌個幾次，自然就解決了，不需傷腦筋。偏空的毛病就不一樣了，就好像一個小孩子長大了就是成年人，是自然的發育過程，然而一個成年人卻很難再恢復赤子童心，去做小時候那些「瘋狂」的事。所以這種「反璞歸真」的功力需要更多的學習，更深的體驗，更高的智慧，切莫讓過去做多失敗的經驗變成陰影，這其間一切只有靠「進步」去克服。

老手會犯的錯，
股市新手更該注意！

對高手而言，機會再多，也需要耐心等待！
對新手而言，新手的策略就是：
想清楚自己到底要不要做長期投資？

44 股市新手，要注意哪些事？

新手最弱的地方就是經驗與技術，在加強經驗的時期記得用最少的資金試盤，千萬不要以初生之犢不畏虎的氣勢向前瞎衝。

新手三大忌：

（1）忌每天做。

（2）忌模糊做。

（3）忌懶散做。

先談「每天看盤，每天到證券公司看盤大廳報到，或是天天盯著電腦或手機看行情」這項散戶弱點。

對高手而言，機會再多，也需要耐心等待！

對新手而言，從中線操作的角度看，一年四季有行情的機會頂多一兩次而已，其他的時間，一半在下跌，另一半在盤整，並沒有太多值得投入的機會（也就是說，那是給做短線的人玩的，但短線操作的難度極高）。

新手的策略就是：想清楚自己到底要不要做長期投資？
——如果不要，那麼，中線跟短線都不簡單，新手不能掉以輕心，必須慎選明師學習這兩種專業技巧。

我並不是說長線不需要學習。而是長線比較沒有那麼講究天賦，但是中線跟短線卻講究，最好是要有點慧根。

新手在入門練功的日子裡，每天看盤，很難經得起誘惑，常被假行情騙了。

其次再談「模糊做」，也就是「模糊的策略，經常導致明確的失敗」。

股市操作絕不是瞎子摸象，不能僅僅見漲說漲，看跌說跌。在盤勢模糊不清的時候，絕不能靠天吃飯，把命運交給明天。如果不能定出明確的策略，那就是賭博，失敗將明白痛快，毫不留情。

第三談到散戶新手的懶惰弱點。

法人比散戶強的一點，是他們有很多置身事外的研究人員，不論股價漲得多麼令人渾然忘我，或是跌得多麼讓人痛哭流涕，他們可以站在比較客觀冷靜的角度來分析，提出建議或警告。因為這是他們的工作，絕不可能因為盤勢令人傷心，就全體提早下班回家睡覺逃避現實，但是新手就比較容

易犯這個毛病了，盤勢好的時候高枕無憂，壞的時候聽天由命，如果情況變成如此，乾脆就做長期投資，連中線都不要碰。

一個新手至少應該勤奮做到兩項重要功課：

（1）如果是做中線或短線，那就應該記錄每天詳細的進出狀況，以及買賣理由（務必誠實）。

（2）不論是做什麼線，每隔一段時間，都應該虛心檢討失敗的原因，做成表格，日夜背誦，發誓永不再犯。

如果是玩短線的新手，不論漲跌，都要每天做功課，規畫未來應變措施。據我的經驗，大部分的賠錢交易，都是前一天晚上沒有考慮周全，進退失據，在來不及反應的急躁狀態下犯錯。

總之，新手最弱的地方就是經驗與技術，在加強經驗的時期記得用最少的資金試盤，千萬不要以初生之犢不畏虎的氣勢向前瞎衝。

45 在股市歷練過，卻還是賠的原因

股市的「中鳥」會有這樣的問題，多半因為偏向高難度的短線操作。

　　嚴格講起來長期投資並無資歷深淺之別，股市的「中鳥」會有這樣的問題，多半因為**偏向高難度的短線操作**。

　　「菜鳥」最需要的是學習，「中鳥」最重要的是拋棄某些錯誤的成見，尤其是媒體教導的，然後整理自己對股市的知識，重新做深一層的詮釋。

　　有時候，菜鳥因為笨笨的，不太敢進進出出，所以減少了短線的風險。然而中鳥（也就是大部分號子裡的投資散戶）卻容易犯以下的錯誤：

（1）有了三兩三，就以為可以上梁山。犯下自大的毛病，就容易變得固執，不易虛心檢視不同時期的操作策略。

（2）自以為聰明靈活，進出頻繁，然而從中長期的角度

來看，還是賣在低點，買在高點，落得跟新手一樣追高殺低。

（3）技術分析學是學到了，但欠缺深刻認識、邏輯解讀錯誤，反而被自己不成熟的技術分析害死。

（4）曉得從各種不同的地方蒐集資訊，結果是資訊膨脹，模糊了操作策略，最後淹沒在資訊裡。

（5）意志過於堅定，打死不退，然而根本問題卻尚未找到或還沒改善，更增加了虧損的機會。

菜鳥只要靜待時間的洗練，便能逐漸成熟蛻變，在這轉變的過程中，頂多是賠點學費，大致而言無大難。然而，若想成為高手級的老鳥，勢必經過一番「生死大悟」，這不僅是一場人格的淬煉，更是一場知識的領悟，其間的變化不可謂不激烈，這兩個階段的經驗差異頗巨，萬不可相提並論。

46 怎樣才是「股市高手」的境界？

股市高手有幾個共同特徵，不過，高手未必就是最後的贏家。

　　這些年來接觸了一些高手，在經驗分享後，也有些許心得，願在這裡多談談，希望能激盪出一些新的想法。丟開長期投資不論，單獨討論中線、短線，以及超短線的投資（機），然後把時間拉長到一年、兩年，甚至一種終生投入專業式的買賣交易，我們發現股市中幾乎只剩下兩種人：**贏家與輸家**，即所謂的強者與弱者。不賠不賺、打平收場的人，似乎少之又少，這應該是一種「弱者愈弱，強者愈強」的兩極化現象。

　　無法吸取經驗教訓的人一直沒有進步，隨著時間的拉長，虧損持續擴大。而能夠切實反省，不貳過的高手，財富持續累積，更有資本向下攤平或向上加碼，大大減低虧損的部位，於是拉大了兩者之間的差距。

　　我們甚至可以說：**如果你想玩中短線，而一直不能從普通等級晉升為高手級別，就要有被打落成輸家的心理準備。**

我嘗試從以下幾個高手的共同特徵來作分析，希望對大家有所幫助。不過，**高手未必就是最後的贏家**，這一點要提醒大家。

（1）**大智若愚，大巧若拙。**近年來，台灣股市一年大概都會出現千點以上的大漲行情，還有幾次500點以上的下跌行情，能夠把握住這些大行情，狠狠做它幾波，就夠了。而這一類的高手，多半是大股東，以現股為主，操作也無法出入太多次，但只要是方向正確，就行了。

（2）**輸贏套軋，不形於色。**俗話說：「驕兵必敗」，但哀兵也未必勝。「得失無動於初衷」的修養，才是高手風範。常常看到號子裡有人自誇說自己又賺了多少多少錢，意氣風發，話也變得多了起來，可是賠錢的時候就眉頭深鎖，不發一語。

不管是做多被套或是做空被軋，高手風範都是一如常態，從容自若，冷靜以對，在獲利了結或認輸賠錢的時候也是如此，千萬不能讓一時的情緒擾亂了正常的判斷能力。

（3）**眼觀四路，耳聽八方，細膩敏感，非常果敢。**此特性是描述短線沖銷的高手，這些人把1000點的行

情當成2000點在做，再加上信用擴張、槓桿倍數操作，獲利甚至遠超過前面第一點提到的大巧若拙的高手。

這種人的進出次數頻繁，大大提高了虧損的機會，也因為高度的風險，才會有超倍數的糖果可以吃。膽敢在股市如此怒海狂濤中賺取倍數暴利的人，當然也必須具備「超人」的特質。他們的見聞不一定廣博，但是對於消息的判斷與運用，皆能成熟圓滑。如果消息判斷屬真，不一定會正向操作；如果消息是假，也不一定會反向操作。而對於其他繁雜浩瑣的垃圾資訊，皆能有「非禮勿視，非禮勿聽，非禮勿言，非禮勿動」的最高境界。在這裡要特別強調短線（甚至極短線）高手的必備人格：「超敏感」。

超敏感的必勝關鍵在於：他可能不知道一年之後會漲到多少點，也不知道一季、一個月、明天到底會變得怎樣，然而，他就是能幾乎百分之百確定──從「現在開始」，市場會漲或跌，而他就是賺這一段的價差利潤。即使在盤勢模糊的時候，都能掌握到其中「確實方向」的小波段，可以想像在盤勢稍微明確或非常明確的時候他們是多麼心狠手辣了（極短線細節容我在下一個問題中再述）。

（4）**見山是山，見水是水；忽而見山不是山，見水不是水**。哲學中的「有無」、「正反」、「陰陽」的觀念，其實是與股市的「漲跌」道理一樣。

股價上衝，大家猶豫會拉回，高手知道漲勢確立，任何下跌皆虛假，大力買進。股價震盪，大家茫然失措，高手知道盤勢確立，漲跌俱為虛妄，高賣低買，多空兩做，來回都賺。股價下殺，大家想是洗盤，高手知道跌勢已成，任何上漲皆是騙人，賣光逃命，逢彈放空。

禪學中形容人生有三種漸成境界：「老僧三十年前看山是山，看水是水；三十年後看山不是山，看水不是水；再三十年，看山又是山，看水又是水。」這種漸成的功夫可以用來解釋一個高手的心態是如何成熟的。簡言之，就是從「被騙」到「懷疑」，最後達到「確定」的境界。

如果用此觀念來解釋人心之外的「股市」，有時漲非漲，跌非跌；有時漲又非漲，跌又非跌，變化之快，令人咋舌。此時短線操作的心智亦加快速度，忽多忽空，但不論多空，賺來的都是真真實實，不虛不妄的鈔票。

47 當沖高手的修練：短線當沖如何看盤？

真正成熟的當沖客，心理素質都異常堅強，一般的新手萬不可輕易嘗試。

　　每日當沖，殺進殺出，多空無常，凡人迴避。

　　曾任英特爾公司總裁安迪·葛洛夫（Andy Grove）說過：「在這個競爭快速的時代中，只有一種人會存活下來，就是疑神疑鬼的人。」

　　這段話充分說明了強烈的危機意識，在變化快速的社會中是多麼重要，「生於憂患，死於安樂」的道理，一樣可以應用在股市，也就是「超敏感」的能力。

　　這種能力的生成，有幾個條件：

（1）絕佳的歷史感與記憶力，股市中歷史往往一再重演，若不能記取以前的歷史教訓，或者根本不會回顧反省的人，很危險。

（2）亂世中保持清醒的獨立觀。通常大多數人一致的觀

點總是錯的，正確的方向往往是默默發展。在混亂中保持清醒，與四周塵俗建立一道無形的牆，強者似乎總是孤獨的。

（3）求戰求勝的頑強鬥志與不可思議的思考精力。做短線，每1分鐘，乃至每1秒鐘的盤勢變化都很重要，所以思考的速度必須要快，心腸絕不能軟，手腳絕不能慢，跌倒了要馬上爬起來，爬起來要小心隨時又倒下去。

（4）敏感而善變，果斷而確實。這一點在上個問題中已有敘述，現在就細節加以補充，也就是一個當沖客每天進場前及臨場時所須做的功課，這些項目都是學習課程，一旦日久養成「潛意識變成實際行動」的本能反應，「憑直覺」不假思索快速出手，就是當沖的最高境界。

做短線要做哪些功課呢？

（1）根據已經發生的事，了解今年最容易做的波段在哪裡？最可能下跌的波段在何時？從此大致規畫出一年內漲、盤、跌三種形勢的分布週期，分辨出現階段的走法是進一退三，還是進三退一？或是進一退

一……各種形式的進攻法，強弱力道會因大勢走向而有微妙差異。

大勢初定之後，再計算「時空變盤」的週期演變，配合Ｋ線紀錄，密切注意「時間變盤」是否與「Ｋ線變盤」恰好重合，避免不必要的風險，也抓住轉折當日趨勢反轉的最大利潤。

（2）找出類股與個股，大盤壓力與支撐所在，設想自己是主力，明天如果要把這個盤拉起來，要先拉哪一類股？那一類股中又以什麼股票最好拉？（一是跌深，二是有題材）拉上來之後要用哪一類股推波助瀾？哪一些個股又是具有維繫人氣的指標？資金又是做怎樣的移動？搞清楚這些輪替接力的互動關係之後，比較能占到先機，先上車卡位，或下車落跑。

（3）個股的量價關係與均線分布，這是必做功課，不再多言。

接下來的幾個項目，都是盤中即時走勢的重要觀察目標，也是一般人不太注意的地方，我只提醒你要注意哪些東西，至於它們是怎樣的關係，需要大家自己去觀察體會。

（4）盤中的「均買」與「均賣」關係。

（5）盤中買賣張數差異，也就是所謂的「**賣壓**」。這是我認為最重要的短線操作依據之一。

（6）大盤的5分鐘量價走勢圖與個股的即時走勢圖。嚴格講起來，個股的即時走勢變化較少，變化不如大盤，因為它不是沒人理的冷門股就是極易受人為操縱，不如大盤客觀。

5分鐘走勢圖用來做短線是可以，但是還嫌不夠快，1999年改成1分鐘走勢，更利於短線操作，不過要抓第一時間的買賣點，還要看精業電腦系統的「兩秒鐘量價走勢圖」。**5分鐘線和賣壓一樣，是我認為盤中重要的觀察目標。**

（7）內外家數的比較。內家數是指目前以內盤價（買價）成交的，有多少檔個股。

（8）「委買筆數」與「委賣筆數」：這組數字與委買委賣張數之間的關係是直接互動。坊間一般股票書籍會告訴大家許多複雜的判斷公式，但依我的經驗，只想告訴讀者兩件事：

A.委買筆數大於委賣筆數，委買張數也大於委賣張數，表示配合良好，漲。

B.委買張數較多，此時指數大漲，卻看到「均賣張

數」遠大於「均買張數」，表示主力大單在賣，卻有一大批小散戶螞蟻雄兵在買，此時要趕快落跑。

（9）個股方面，精業電腦系統會以紅色顯示買單，白色顯示賣單，大家可藉此觀察多空雙方的攻擊力道與壓力位置。

（10）密切盯牢新加坡摩根台股指數期貨，它具有領先大盤作用，短線投機客絕對要看。

以上十點是就證券公司電腦系統揭示的圖形數字為主。面對這麼多需要注意的事項，短線客的神經必須要很敏感，直覺要銳利，而這麼多看似複雜的數據圖形攪在一起，就憑個人智慧做出最正確的判斷。請牢記：不管大腦所需處理的資料有多龐大，最後付諸行動卻只有兩種結果：買或賣。**理論雖複雜卻清晰，動作雖快速卻果斷，這是短線客最需遵守的鐵律。**

至於當沖，別輕易嘗試。即便介紹了些當沖的技巧，但真正成熟的當沖客，其具備的技巧遠不只於此。他們的心理素質都異常堅強，一般的新手萬不可輕易嘗試——尤其是個股的當沖。

個案診斷：
在股市，少犯錯者穩穩賺

在此章，我舉了幾個例子，
讀者可以在這些例子中，
尋找是否跟自己的投資經驗有類似的地方。
好習慣就要保持，壞習慣一定要改掉。

在交易廳做買賣的這些日子以來，我也見到不少散戶成功與失敗的故事，如果你除了投資以外還有一點精力去做觀察，將會發現「歷史正在不斷重演」。

本書的主要目的除了充實你的股票知識外，更要提醒大家務必減少犯錯的機會。

人是很難面對自己的，更遑論股市一個禮拜至少要跑五天，天天在那邊檢討自己是一件很殘酷的事，但無論如何，終究還是要面對這一切的，不管你願不願意，存款簿上的數目字終究會證明那些你不願面對的事。

知過能改，恭喜發財。

01 | 過於自信的波段投資人

金融操作這一行，有時候知道最多的人，搞不好也是賠錢一族。

　　陳先生，是屬於很典型的股市投資失敗者。

　　可是他自始至終都不相信自己會賠得那麼慘，因為他實在不同於一般喜歡追高殺低的菜籃族，他對股票的知識與能力，高於一般投資人。

　　他曾經在一家上市公司工作過三年。他勤於閱讀報章雜誌書籍，努力吸收產業經濟的知識與資訊。技術分析他也懂，也有一點心得與創見。每天的功課當然都做得很勤快。

　　從一踏入股市，看到交易大廳裡的芸芸眾生，「高人一等」的感覺始終盤繞在他內心揮之不去，看到別人追高殺低，他會覺得可惜又可歎，並且為自己不會如此而有一股優越感。

　　從一開始，陳先生就深知股票要做就要做波段。要抓底部、要抓頭部，他相信自己還有一點把握，尤其是頭部，反正就是「在大家最瘋狂」的時候賣就對了嘛。

問題是：他的個性似乎與這種「買底賣頭」的戰略有點衝突。

剛開始的時候，陳先生用三分之一的資金買績優股，然後很快大盤就攻到了頭部，他把這些績優股獲利了結，小賺一筆。

後來，股市陷入了盤整，有時無聊，有時激情，個股有漲有跌，路途紛歧。陳先生在嘗到頭一次勝利的果實之後，開始對自己有了一點信心，相信現在的局勢是「選股重於指數」，於是他設定好價位（最高價回檔三分之一），等到原先他已經出脫的幾支股票跌到他定的價位後，再重新買回來。

買是買回來了，但是接下來的走勢，並不是每一種績優股都在漲，甚至有幾家不錯的公司傳出獲利衰退的消息，然後開始一路重挫，而且沒有反彈的現象。

陳先生起先以為只要是好的績優股，一定有爬起來的一天，但是一等再等，它就是跌，或是漲了一小段，又開始盤整。這時候，他運用剩下的三分之一的資金，進場攤平，至於最後剩下的三分之一資金，他拿來小玩短線，兩個月下來，小賺個兩萬元。

由於他沒有離場，所以有機會在這段時間裡看到一些股票在漲，多頭的氣氛似乎還在，所以他也就一直等下去，等那三分之二的主力資金能夠全部解套。

事實上，重新入場的三分之一資金並沒有全部被套，原先的老本是500萬，第一次出手賺了60多萬，再拿150萬重新進場，結果約有100萬被套，另外的50萬又替他小賺4萬元，跌下來之後，他動用了200萬進去攤平（他想：用加倍的資金攤平，漲上去會比較快回本）。攤平前，已經又跌了兩成，攤平後，又跌了一成，總計從高檔反轉以來，他這一批股票平均起來約跌了六成。

第一階段：被套的100萬賠了20萬。

第二階段：加攤的200萬賠掉20萬，原先的100萬再賠10萬。

可惜的是：陳先生仍然相信自己的操盤能力。在這段時期，他用200萬做短線小玩，雖然沒有大賺，但也沒有大賠，加強了他的信心，於是他「毅然」決定將那被套的300萬全部認賠殺出，投入新的戰場，買幾種他看好會漲的股票。這時，他的資金是510萬左右，時間已經過了3個月，他第三次出手：300萬投入買單。

接下來的事，仍然令陳先生遺憾：大盤在盤整之後，開始明顯的跌勢，300萬的資金，一下子就賠掉40多萬，陳先生經由他的「專業知識」判斷大盤破線之後，還會再跌，為了不被「套牢」，他再度認賠殺出，這時，他的資金剩下460萬，與他當初進場的資金500萬相比，損失了8％，差不多是

一個跌停板多。陳先生在估算後，難以接受如此事實——本來都是賺錢的，怎麼會搞到最後賠錢呢？

他想：再賺一個漲停板就回來了，於是，在大盤反彈之後，他第四度投入，用400萬衝鋒陷陣，這次的結果，剛開始有賺，但由於是反彈，更多的股票在漲了一點後又下跌。

偏偏在這時，幾乎所有的投顧老師都一口咬定大盤前面已經跌了一大段了，這次的上漲不是反彈，而是回升，「旗型整理」[1]後必定突破，陳先生又依照他的「專業知識」，贊成這種說法，認為即使再跌也是有限，所以他抱牢了股票。

後來大盤加速下跌。一個月中，陳先生每天都認為：「這裡接近底部了，不要殺低。」終於他在大盤下跌了800點之後，認賠40萬，賣光持股。這時，他的資金剩下420萬，一年下來共賠80萬。

再後來，大盤又跌了1000點，他認為自己雖然賠了，但還算賣對了。又過了半個月，大盤終於觸底「反彈」。

陳先生依據他的「專業知識」，認為大盤只是波段反彈，將來必定是震盪打底，然後再攻，為了避免「老手套反彈」[2]，他只動用三分之一的資金進場，賺是賺了，不過因為他時常

---

1. 股價在特定區間內移動，其走勢圖形就如同一面旗子。
2. 股市有「新手套高檔，老手套反彈」的說法。新手比較沒有風險意識，通常會拼命追高，容易套在高檔；老手會避開風險，等待回調時買進，所以當看到上漲後就會誤以為回調已經完成，於是一進場正好在反彈的高檔，所以套在反彈。

擔心大盤回檔，所以換股頻繁，沒釣到波段大魚，只吃到一小塊一小塊的碎魚肉。

最後，大盤「反彈」了快2000點，漲不動了，開始「做頭」，來回震盪，有時無聊，有時激情，此景似曾相識，陳先生憶起去年盤整後是一段漫長的下跌，為了避免「重蹈覆轍」，他決定在頭部進場放空。這次，他動用近五分之三的資金：300萬，決定盤勢一旦反轉，鐵定讓他賺死。

經過一個半月的盤整，大盤終於下挫，跌破了頸線，陳先生非常欣慰。

破線的第二天，大盤「反彈」，陳先生瞧不起這根小小的紅棒，進場用100萬，加碼放空。

「反彈」之後，又漲了兩天，陳先生認為「短線漲幅過大」，必定回挫。

想不到，大盤就這麼漲了上去，先是帶量突破前高，再來是連續跳空上漲，讓他連喘氣的空檔都沒有，最後的最後，他的空單賠掉50多萬，全部老本剩下400萬，一年整整賠掉100萬。

有了這麼多次的教訓，他再也不敢膽大妄為，他很小心地「小量操作」，套牢了也不敢隨便認賠，相信總有反彈回來的一天，因為他買的畢竟是績優股。

在這之後的一年內，膽子變小，風險意識提高的陳先生，

既沒大起，也沒大落，他被套牢的股票愈來愈多時，就會有一次「認賠換股」的動作「不能自制」地發生，這種情況一再延續到他再也沒有足夠資金翻本的時候。

* * *

陳先生的操作，可能犯了以下幾點失誤，讀者可對照前頁歷史比較分析：

（1）加碼攤平的方式採用「跌三成」的定價買進，請問：你如何知道這支股票回檔30％就會止跌回漲？

（2）高檔反轉後，應嚴設停損，避免被長空段截獲宰殺，可惜他在已經虧損的狀況中再增派援軍而沒有從前線撤兵，等到泥牛入海之時再想保全，為時已晚。

（3）高檔反轉之後，發現自己手中的股票被套的居多，就應該心存警惕——「今年的行情是不是已經做完了？」——接下來的行情既然不好做，就沒有理由一定要硬賴在這裡報仇，因為大環境不一定會幫你。

（4）大虧之後的復仇之日，最好是選在急跌之後的Ｖ型反轉，如果是賭在高檔盤整之後「突破旗形」上漲，風險過大，到時候如果不漲，失望性賣壓湧出，這

個盤就會重挫。

（5）旗型整理失敗後，大盤加速下跌，陳先生既然在中途認賠，就應該在繼續下挫的過程中等待回補買點；然而，他買了之後又判斷錯誤，把V型「大反彈」看成是「震盪打底」，換股頻繁。空方明明不堪一擊，擺「空城計」，陳先生卻只派散兵游勇與之零星巷戰，未將其一鼓作氣擊潰，錯失報仇良機。

（6）V型反彈後進入中途「盤整休息」，陳先生依照上次的經驗，認為這是在「做頭」，故決定做空。做空本沒什麼不對，問題是他在盤頭而下的觸頸線反彈時沒有做第一次的立即回補——這個動作十分重要，是要防止多頭假跌破真突破——以致後來被軋空造成巨額損失。

我們把陳先生的交易歷史拉長一點，就可以發現他第一次「認賠殺」是對的，第二次認賠之後大盤雖然又向下跌了一段，但是後來又漲了回來。從「長期」角度來看：陳先生依然在幹「**追高殺底**」的事。

這個例子提醒了我們：**即使擁有股市的「專業知識」，卻仍然有極大的機會誤判行情**，在尚未老練成精之前，操作切莫頻繁，要選有把握、有人氣的大行情就好。就台股而言，

每年總會有一次的。

　　沒有自信，當然做不成事，但是自信發生在「不該發生的地方」，那就非常危險。相信自己有能力不是件壞事，在操作實績達成報酬率50％以上時，再來證明自己是高手，而不是讀了一肚子談股票的書報雜誌，就誤認「知識即是財富」。金融操作這一行，有時候知道最多的人，搞不好也是賠錢一族。

　　勝利，屬於耐心等待時機的人。

02 能抱也能放的菜籃族

<u>股市中只有最偉大的時代（市場）再配合最漂亮（最正確）
的策略，才會讓人有翻身的機會</u>

　　李太太做股票十多年了，從花樣年華的苗條小姐，到今
日腰圍變粗的歐巴桑。

　　經歷過1990年的12682點大崩盤，李太太的投資歷史前
半段的總成績是賠錢的，不過值得注意的一點是：她雖然賠
錢，但是賠不多，因為在每次多頭波段的時候，她一定有賺
到。

　　資金，她有400多萬。技術分析，李太太不太懂。消息
面，李太太聽，但不會因為壞消息就賣股票。基本面，她也
知道一點，但不詳細。

　　她的操盤風格，分述如下：

（1）買的都是類股中前三名的績優股，一定是有人氣的
　　　熱門強勢股。1996年以後電子股大熱門，她就把投

資組合多納入幾種電子股。

（2）有行情的時候，追漲；沒行情（盤整）就坐著等解套；行情下跌，不殺股票。換言之，她是打死也不在跌的時候賣。

（3）再會飆的股票，如果非續優股，不碰。

（4）股票下跌時，不加碼不搶反彈。

（5）不做空。

1990年大崩盤時，李太太的股票剩下台泥、台塑、南亞、華隆、士電、開發，經過這近十年來的配股，她還是賠，當初這筆錢如果放到銀行去定存，多好。

往後這幾年，行情上來又下去，下去又上來，她算一算，賠不多，反正她低點一定買一趟，高點一定會賣一趟，今年的高點沒有賣，就留著明年再賣。

李太太真正的轉捩點是在1996年電子股大多頭時代來臨時，喜歡追逐熱門股的她，買了一大堆，而且跌下來還破例加碼，一路抱牢，一抱就是兩年。這下子她可嘗到甜頭了，在已經獲利的狀況下，她更捨不得賣，到了1997年，電子股繼續漲，最後大盤漲到10256，睽別十年的萬點行情，終於又再見面。

鑑於當年12682的歷史教訓，李太太可不是笨蛋，畢竟

是在股市混了十幾年的人了，她把手中的電子股賣得精光，兩年下來淨賺 150 多萬，與 1995 年底剩下的資金老本 300 多萬相比，獲利率 50%，算是相當不錯。

1997 年秋天賣光電子股以後，她認為今年沒行情了。第二年（1998 年）開春，大盤已經跌了 3000 點，她認為差不多了，又進場，還是買去年那些老股票：台積電、聯電、華碩、鴻海、華通、宏電，後來大盤攻到 9000 點，磨了 1 個月，她算算又賺了一票，所以再一次賣光電子股。

她又認為 1998 年沒行情了。等到 1999 年開春正月，她再度進場，再買電子股，後來大盤漲到 7706 點，她第三度把電子股賣光，第三次賺錢。然後她又認為今年沒行情了，後來指數攻到 8710，她進場小買當時市場最流行的「錸德」跟「中環」，在指數攻到 8700 上下整理時，賣掉，第四次賺，也是賺得最少的一次。

她想：事不過三，第四次是幸運，賣掉光電股之後就休息，準備明年 2000 年春天再進場。

1999 年的深秋季節，她在家裡計算這十幾年來的盈虧，成績大概如下：

電子股是大賺，沒有疑問。

傳統股，因為留太多了，所以大虧。加上配股，也沒改善多少。

還好她1990年大崩盤前，也是採用持股抱牢等待高點賣出的策略，所以1988到1990年大落之後大起的行情她都有賺，可惜有些股票在12682時未觸及前波高點，所以她留著沒賣，禍延至今。

這樣算一算，小賺一點，大概四、五十萬，這是做股票十三年來的總成績，花了多少時間與心血，難以估算。「賺」了四、五十萬，這算賺嗎？放在銀行的話，十年利滾利下來都可獲利一倍，這……應該是虧吧？

這三年來，李太太算是股市贏家了，但是她碰到年輕後輩想進場的時候，她還是語重心長地告訴那些小伙子：「好好上班，閒錢拿來買個一兩張就好，不要把生命浪費在這上面。」

自己什麼時候才能真正發財呢？李太太不敢去想，她只知道，未來還有一段力爭上游的日子要走。

* * *

李太太的投資哲學可能就是一般中長期投資人的縮影，十年下來，利弊互見，我做了以下分析：

（1）**資金**：李太太的起始資金還算雄厚，有個幾百萬，

經得起部分的長期套牢。

（2）**賣點**：十年前萬點追逐熱門股，結果部分被套，使
她深知熱門股能賺能賠的性質，十年後的萬點將電
子股一次出清，避免10256大跌3000點的禍事，是
最成功的「不貳過」策略，值得喝采。而且她採取
「一次殺光」的方法，不眷戀，較能保持清明的心態。

（3）**買點**：李太太在賣了之後，會休息一段時間，等待
大跌之後的買點浮現，策略完全正確。

（4）**選股**：電子股出頭時，她追逐強勢而大買，沒有再
繼續加碼手中的傳統產業股，「無意間」抓對了潮
流，這一點，她幸運。當投資人發現手中被套牢的
股票價格一直很「鬱卒」，就要提高警覺，因為可能
在走長空格局，不要隨便加碼攤平，只能逢高調節。
至於高有多高，有經驗的老投資人抓的誤差應不會
太離譜。不碰投機股，避免掉許多傷腦筋的事。她
可能放棄掉很多次發橫財的機會，但也逃掉很多次
被坑殺的陷阱。

（5）**不搶**：「老手套反彈、新手套高檔」，她不搶反彈，
只做大行情，減少進出，正確。

（6）**不空**：行情反轉時，她不做空，完全抽身離開市場
休息，也好。

（7）**抱牢**：十年前抱牢不肯賣，吃大虧；十年後抱牢電
子股，兩年後賣光，大賺。事實上，十年前是因為
年紀輕，貪心，高點來了不肯賣，但在高點來之前，
她可是一路抱牢的；十年後電子股帶大盤衝到萬點
之前，她也是一路抱的。

結論：李太太之所以成功，是因為——大盤做頭前一路
死抱強勢股，抱得死緊；大盤甩頭下來之後賣光原先死抱的，
殺得精光。這是正確的「**抱牢哲學**」。

如果1996年電子股大多頭市場沒有來，李太太這十年總
成績，恐怕還是難逃慘賠下場。如果1997年底及1998年夏
天之後，李太太不是兩次賣光電子股回家休息，恐怕金融風
暴就會吃光她前兩年所有賺到的錢。

股市中只有最偉大的時代（市場）再配合最漂亮（最正
確）的策略，才會讓人有翻身的機會——想一想，要做到「最
漂亮」，好難。

由此可知，這是個風險多麼大的市場。

03 沒計畫、不斷失敗的貴婦

不管股市人生如何變化，仍然要認真檢討自己犯錯的根本原因
因

　　吳小姐的投資股票歷史不需詳述，因為她**每一年都在賠錢**。

　　她的投資方法非常鮮明，一點也不複雜，只是她**自己從來沒想過自己為什麼會這樣投資**：

（1）只要能漲，沒有什麼股票不能買。

（2）如果買了以後股價往下跌，先等一段時間，等到大勢已去再賣出。

（3）所謂大勢已去就是股價接連重挫。

（4）沒有計畫一年的進出次數。

（5）不知道設立停損點、停利點。

（6）不懂技術分析。

（7）會看新聞、會讀報紙、常看解盤節目。

（8）從來不計算整體資金盈虧率。

（9）見紅買，見綠殺或見綠攤（平）。

（10）底部大恐慌靜觀其變。

（11）資金用盡之時再從家裡搬新資金過來繼續奮鬥。

（12）從來不閱讀股市書籍。

以上這12項特點，事實上是很普遍的共同特徵，讀者不妨自行比較一下，看自己是否符合這些特徵。不過在此先聲明：這12項特點不是缺點，甚至有些項目與其他特點搭配起來會成為優點，但把這12項集中在一起，就成了致命的弱點。

吳小姐30出頭，卻很早結婚，老公有好幾棟房子，當初進入股市，這些房子就成為雄厚資金的後盾——當被套牢，一時又無現金調度，就將房子抵押貸款。

從一開始，吳小姐的投資史就是不停戰鬥。她記得她的前幾項交易都是大賺，怎麼買怎麼賺，使她膽子大了起來，「再買再賺，再賺再買；不買是賠，不賺也買」是她那時候的生活寫照，生性積極的她不願意放棄任何一個賺錢機會。

漸漸地，她賺的錢沒有以前多了，賺的速度也沒有以前快，當手中被套股票愈來愈多，她就開始「緬懷過去」，期待她當初踏入股市的那個「好賺時代」會回來——她相信「歷史循環不息，不斷地在上演過去曾經發生過的事」。

每當營業廳電視牆上一片紅通通，身邊的股民歡聲雷動，個個大賺其錢的時候，吳小姐便急忙尋找新的買進目標，她相信「股市又要漲了，北上列車就要開了，還沒有上車的旅客請趕快上車」，「買在起漲點」是一件多麼美好的事。

　　股市起跌時，她從來不會太悲觀，因為還是有一些股票在漲，「把那些不漲的股票賣掉，換成那些會漲的就好」——她這麼想有錯嗎？好像沒錯。

　　等到股市繼續下跌，原先那些抗跌強漲的強勢股也漸漸漲不動了，她仍然深信「那些曾經在情勢最壞的時候帶領大家度過難關的股票，一定會再度站起來重新出發」，於是繼續抱著那些「強勢股」。

　　什麼時候她才會賣呢？當市場跌得亂七八糟，很明顯地用「跌得沒完沒了」這種方式來證明她以前的想法是錯的；身邊的投資朋友聊天時長噓短歎，後悔當時「買了這麼多股票」；解盤節目的老師原先看好的，此刻卻翻多為空，頻頻高喊「放空才能賺錢」；報紙與投顧的解盤一再提醒大家「要保守，不要亂搶反彈」；當這個世界變得如此灰色，而股價繼續下跌，就是她賣股票的時候。因為買進這些股票造成她的財富巨大損失，帶給她精神無休止的折磨，所以她「不想買了」，而是要賣，避免損失擴大。

　　賣了之後，她如釋重負，每天早上也不去號子看盤了，

日子變得輕鬆許多，在沒有她參與的交易日裡，股市繼續往下跌，她慶幸自己賣對了，否則現在虧更多。

過了不久，突然有一天股市上漲了，她心想：「又是反彈吧，不要又被騙了。」真的，這段時間以來，股市也反彈了好多次，不是一日行情就是搞不到半個月又下去了，造成她一次又一次新的套牢。

又過了幾天，股市仍然上漲，老公突然問她：「股票是不是又漲了？」她才恍然大悟，重回睽別已久的證券公司看盤，果然交易廳裡人又多了起來，她想：「這次不會騙人了吧。」然後放心買進。

再來的結果如何呢？有一度她買了以後繼續漲，漲了一個月又開始跌，再度被套牢；又有一次，她買了以後馬上開始跌，使她再度破口大罵，馬上賣掉；還有一次，她買了以後上上下下，只好抱牢，等待另一個新的未來……

房子一棟棟拿去抵押，都沒再回來。歷史一再重演，戲碼永遠是那一套「吳小姐股市復仇記」，一樣的演員，一樣的場景，不一樣的劇情，不一樣的對白，卻永遠是一樣的結局。

面對財富的巨大損失，吳小姐和老公之間的感情產生裂痕，常常吵架，老公也不把賺來的錢交給她了，理由是「免得她又拿去玩股票」。吳小姐終於明白：她的股市征戰生涯已經結束，接下來她要面對家庭失和、經濟困窘、失敗壓力等接

踵而至的人生問題。生命，突然變成一條痛苦而漫長的道路。

＊　＊　＊

　　在看完吳小姐的故事之後，不管讀者的情緒如何，我們都必須快速把焦點拉回到前面所述吳小姐的投資方法——不管股市人生如何變化，仍然要認真檢討自己犯錯的根本原因：

（1）「能漲就買」並沒錯，但是必須搭配「**漲多就賣**」的觀念，不可過貪。

（2）「大勢已去再賣出」也沒錯，可惜她卻不懂「跌到恐慌，死而復生」的操作哲學。

（3）大勢已去的確就是股價接連重挫，但是在這之前，保守的投資者為何不建立起「漲到極至，大勢將盡」的觀念？換言之，是用「賣在漲時」的觀念取代「賣在跌時」，可能少賺，但是安全。

（4）高手出征，進出多，機會多，賺得多；「低手」盲動，進出多，賠得多。強弱之分，天壤之別。

（5）靈活操作、功力純熟的人的確不需要被停損（利）點綁得死死的，但問題是她是否是那樣的人？

（6）不懂技術分析，不一定會賠錢，但也不一定會賺錢。

（7）大量吸收媒體資訊，卻沒有過濾辨正的功力，到最後被假消息牽著鼻子走，上了別人的當，成為被倒貨的對象。而過度仰賴解盤節目分析師，自己不花腦筋，也阻礙了自我進步。

（8）資金控管不嚴格，猶如出兵打仗卻不知道自己有多少兵馬，死了多少也不知道，這樣的主將會贏嗎？

（9）「追漲殺跌」的風格，如能早一步看出漲跌方向，必能大賺，可惜她落後別人太多，不賺反賠。當手中股票已經套牢時又盲目向下攤平，更擴大了虧損。

（10）底部大恐慌以靜制動，很正確。買股票最好買在轉折點，大跌時買進風險仍高。

（11）投資要用閒錢，從家裡搬來新資金報仇，小心傾家蕩產。

（12）股市投資書籍基本上還是要讀一些，如果不看，至少也要把時間花在研究每日行情表上面，才是成功之道。但她也不是一個肯研究的好學生，在拒絕學習，功課也沒做的情況下，只會跟隨明天的盤面起舞，想不敗，難。

在吳小姐這些年的投資生涯中，她自己一再重複自己的

悲慘歷史，股市歷史循環中的「超級大多頭」、「小多頭」、「盤整」、「空頭市場」……都對她沒有什麼意義，因為不管股市怎麼變，她的缺點永遠不會變。如果她肯當一個長期投資人，少一點進出，那還好，偏偏她愛跑短線，天天去號子看盤下單，以為自己是個「金融市場操盤手」，種下大敗的厄運種子。

要減少失敗，先要察覺自己的缺點。要邁向成功，從改革自己的缺點做起。

04 靠精準時機，成功獲利

用「融資斷頭」這種現象抓大盤「止跌回漲」的反轉點，只適合於空頭市場

邱先生是我看過少數能自省的投資人。

他的資歷很淺，進入股市不到兩年。他記得當他剛進這個圈子時，股市正處在大跌之後的整理期，朋友借他一份財訊快報的大盤指數週線圖，他一看：「咦？指數不是漲到波浪的高峰了嗎？」當初他對股市了解極有限，而且他的學經歷與經濟、商業都無關，他大學念的是歷史系，對文學和哲學較有興趣。

他只覺得指數的走勢真的很像波浪，波峰波谷相連循環，大概呈現一個上升趨勢。可是他所看到的線圖是：「不是就要下來了嗎？」環顧四周，一片樂觀，市場熱鬧滾滾，真不像風暴來臨前的末世紀。

當然，邱先生會選擇在這個時候踏進股市，也是因為大家都看好，認為今年指數會衝破多少多少點，在有利可圖的

美麗憧憬之下，邱先生以40萬元進入股市當新手，跟著朋友拉雜買了一些股票，由於他資金不多，所以當紅的高價電子股買不起，只好揀比較便宜的股票買。

過了一個月，他陸陸續續獲利了結，算一算，小賺10萬，還不錯。這個時候，大盤漲不太動了，可是電子股還在漲，他想錢多了一點，應該可以買比較貴的電子股了，於是他買了兩張台積電，再湊上一些中價位的傳統股。

買了之後，悲劇悄悄開始，很明顯，但是聲音不大；聲音最大的，就是那些「台股萬點可期」、「台股要走大多頭」、「台股即將邁開主升段」的言論。老實講，他當時也是相信台股會繼續漲很多才踏入股市的，不過擺在眼前的情況是：有點漲不上去呀……，雖然如此，但他還不至於賣股票，不過被套牢後，他就不再天天去號子了。

再過了半個多月，股價天天跌，他聽到一個有名的投顧老師說：「台股即將跌破頸線而後大跌。」過兩天，真的跌破頸線了，他忍痛把兩張台積電賣掉，第二天再賣掉傳統股，賠掉先前所有賺的錢。

然後，在漫長的下跌過程中，他開始看一些技術分析的書籍，他堅信：台股正式邁入空頭了，所有的上漲都是假的——理由如下：

（1）書上講說大盤在「做頭」的時候成交量都很大，跌下來之後成交量愈來愈少，這一點與現實相吻合。

（2）台股已經「瘋」了兩年，從四千多點爬到一萬多點，「物極必反」，是該休息的時候了。

　　就是這麼簡單的兩個理由，使他相信大盤會一直跌，至於跌到什麼時候呢？他在電視上看到一位著名的基金經理人講：「下跌就是要殺融資，融資戶被斷頭，清理乾淨了，自然就會止跌回漲。」他覺得這句話太有道理了，符合「在大家最恐慌的時候買進」這項原則，他最喜歡特立獨行，做一些眾人不敢做的事，顯得自己洞燭先機，膽識過人。

　　後來，他果然利用「融資斷頭」這個現象抓到大盤的轉折點，賺了一大票。這時他的資金，從40萬累積到50多萬，他開始有點得意，開始展望明年，布局什麼股票呢？他聽說未來看好兩大新興產業，一是光電，二是通路，所以他大力買進「錸德」和「聯強」兩檔股票後就不去號子看盤了，準備長抱，賺取「倍數利潤」。

　　就在他高枕忘憂的日子裡，大盤又漲不動了，然後開始下跌，他在家裡閱讀專業財經報紙，曉得國際金融情勢愈來愈壞，而且華爾街股市前些日子漲得真「誇張」，非常危險。他又開始看壞大盤，重新回到交易廳，把「錸德」和「聯強」

認賠賣出，這次他決定「報仇」，開始放空，對象是第四台一致喊打的電子股。

這一次的世界性金融風暴果然慘烈，世界各國股市在利空消息不斷下頻頻大跌，邱先生一路抱牢空單，並且又利用「融資斷頭」的現象，第二次抓對了大盤的轉折點，在低點回補，買進滿倉，狠狠賺了一筆，資金累積到70萬。

季節由炎夏步入秋天，台股一年之間經歷了兩次大跌，邱先生認為這裡就是底部，大盤將在此盤整，準備明年大反攻。

不過，在這段「整理區」，邱先生開始有了連續性的虧損。

在此之前，不論做多或做空，他都是採用「短期布局」的方式，快則一兩天，慢則三、四天就將倉位建立，然後等待獲利，其間不論碰到反彈或回檔，他都堅持既定信念（方向），按兵不動。然而，在兩次大獲全勝之後，他志得意滿，天天進號子看盤，一心一意想運用「靈活進出，善設停損」的方法求得倍數獲利，而且還利用融資買進，但是——結果不如預期。

他發現自己碰到幾個非常難以掌握的現象：

（1）**選股很難**，經由自己知識判斷「會漲」的股票，買了卻不漲。

（2）**個股輪動速度很快**，往往跌破停損點後才強力反彈，使剛剛才忠實執行停損點出場的他後悔不已。

（3）接連不斷的大賠小賺，使他的個性變得有些急躁，一心想留在場內「報仇」，但**愈是想「收復失土」，愈是「丟盔棄甲」**，潰不成軍。

盤整了兩個月，他一咬牙，決心面對現實，把自己的虧損計算清楚。

這一算，可把他嚇出一身冷汗——原來50多萬的資金，竟然只剩20多萬，虧損率高達50％。此時他才後悔不該盲目擴張信用，利用融資的結果是害了自己。如果要**彌補虧損**，資金減半之後必須做到獲利率100％才能回本，多麼累，多麼漫長。

然而，他還是無法退場觀望，在盤整期結束之前，他仍然認為「底部震盪整理即將結束」，買進做多。於是他遭遇了重大挫敗，因為大盤整理完之後開始跌，而且一連五、六天，連個像樣的反彈都沒有。

很多市場的分析師都跌破眼鏡，包括邱先生在內。這個時候他才感覺到自己是多麼脆弱，20多萬的資金只剩10幾萬了。

他覺得自己已經退無可退，應該一死以謝江東父老。他

跑到學生時代常去的海邊，獨自走在沙灘上，看著大海，看著海浪激起水花，然後又落下，復歸平靜。看著潮起潮落，一望無際的大海，他忽然想起一件事──「當有人想死的時候，就是離底部不遠的時候。」

轉念一想：當年12000點大崩盤的時候，也有很多人跳樓，但是大盤依舊不止跌啊！他決定靜下來，好好想想：

（1）當年從高點反轉，歷經8個月才止跌，算算時間，這次大盤已經跌了8個月，相當接近時空反轉點了。

（2）他在前兩次大跌時做空獲利，第三次做多虧錢，然而事不過三，似乎又有了希望。既然盤勢仍在下跌，他大膽做出一個結論：這裡就是末跌段。

由於資金所剩無幾，他決定孤注一擲，利用期貨放空。他湊足17萬本錢放空一口。這時，市場普遍認為已經跌了500多點了，政府應該出來護盤，反彈應該快了。然而，大盤卻再度下跌了200點，他因此獲利4萬元。

群眾開始失望，恐慌地賣出股票，指數垂直墜落，按照以往的經驗，急跌後必有急彈，不管三七二十一，他先回補（一口），然後看著指數神奇似的被拉了起來。

謠傳：政府開始進場護盤了。當大盤回到一個令人失去

戒心的高點，他再度進場把部位空回來。於是，大盤結束反彈，又開始下跌。

政府過了兩天又進場，他再補回；反彈之後，政府不理了，他又來放空。

反覆多次，你去我來，你來我走，邱先生的資金持續增加，技術也比以前熟練許多。

在這期間，他只相信一點：不見融資斷頭，勢不回頭（反向翻多）。為什麼呢？他的答案也很簡單，因為今年的歷史就是這樣：往下殺融資，殺光就反轉。

融資在正月新年過後被殺得所剩無幾，他選在一個大跌300點的中午收盤時補回放空的期貨，總共獲利將近30萬（只放空一口，賺取約1500點的價差）。

農曆年時，他抱著40多萬的資金回家，一年下來，算是不賠不賺，扯平。一連幾天年假，他待在家裡，繼續閱讀股市投資的書籍，然後翻翻過去一年保存的報紙，回顧新聞，再配合電腦裡的歷史K線技術分析……東摸西摸，時而整日苦讀，時而呆坐一天。

看著厚厚一疊技術分析、金融歷史的書籍，看看報紙浩瀚如海的股市資訊，再看看日指數走勢圖，他若有所悟——

（1）從短線來看，大盤的走勢像波浪、像鋸齒，忽高忽

低，然而從長線看，大盤的趨勢事實上是「很簡單」的，像去年，年初大反彈一結束，長天期均線一下彎，就是一整年的空頭走勢，難道會看不出來嗎？

（2）看不出來的原因，就是被市場許多雜音、假消息給騙了。

（3）如果光看技術分析，不亂聽消息，好像還比較好做。

他的結論是：「買賣股票是很簡單的動作，因為它源於清晰明確的操作策略；而優秀的策略則需要精良的技術與不受蒙蔽的真知灼見，這兩種功夫都靠日積月累，汲取無數失敗教訓淬練而成。」

休完年假，新春開紅盤，全面大漲，他毫不猶豫用40多萬買進兩口指數期貨。

指數愈走愈高，即使是整理，也陸續創新高，他找不到賣出的理由，果然指數在整理一段時間後，都以長紅帶量突破，一路衝高，兩個多月漲了2000點，他的兩口期貨賺了80萬，獲利率200％。

他認為：從前年的高點反轉，跌了四千多點之後反彈個2000點，很正常。

5月間，大盤陷入較長時間的震盪整理期，他逢高賣出了結，歇手，利用空手的客觀心態繼續鑽研股市。我在這段

時間認識邱先生，他極力克制自己不出手，卻仍積極注意盤面變化，據他所說，為了使自己進步，不再虧錢，他每天都耗費3個小時以上的時間做研究，並且將1996年以來的每日大盤5分鐘走勢圖親手繪製一遍，他說他現在還是每天都要翻閱一下歷史走勢圖，看看能不能激盪出一些新的領悟與靈感。

6月初，大盤做完三個頭後突破整理，長紅帶量上衝，市場再度熱鬧滾滾，人氣匯聚，邱先生動用全部資金120多萬中的50%做保證金，買進三口指數期貨，漲了半個月，開始橫盤，他逢高賣出了結，三口各賺了600點，總共就是36萬，全部資金累積到160萬。

7月初，大盤第二次明顯做出三個頭，從高點反轉出現兩根中黑，邱先生告訴我：今年大盤已經漲很多了，如果要避免做頭，絕對不能出現第三根長黑，賣壓絕不能增加太快，否則後果堪憂。

後來，出現了所謂「兩國論」，當天盤中邱先生看到賣壓果真出現罕見的異常狀況，於是進場放空四口，在一口賺了800點以後回補（他補了之後，大盤又往下跌了200點），賺了64萬，全部資金累積到220萬。

之後，大盤觸底反彈，他覺得有疑慮沒動手，過了幾天，摩根宣布調高台股比重，他「跟著大夥兒進場追價」，在市場

瘋狂之中，買進四口期貨，漲了500點，橫盤，逢高賣出，一口賺500點，總共就是40萬，全部資金累積到260萬。

接下來的整理期，邱先生改變戰略，決定進場，兩口留倉，一口當沖，高出低進來回操作，此時大盤第三度明顯做出三個頭，成交量萎縮得很厲害，邱先生告訴我說：要漲很難，要跌得像去年那樣沒完沒了，也不可能。

總計兩年下來，邱先生把**40萬變成260萬**，淨賺220萬，獲利率550％。

＊　＊　＊

我認為：邱先生的**致勝關鍵在於進出場時機的選擇**，而致敗的關鍵在於「難盤不走，陷於泥淖」。邱先生的操作歷史，討論如下：

（1）事後回想，邱先生之所以進場，乃是因為股市大漲，可惜是末升段，而末升段尚且可用資金100％投入，但後來「大盤漲不動，電子股仍在漲」這種情形發生了，大盤就有做頭之嫌。此時他買入台積電，相對大盤屬強勢，還算可以（雖然前面一大段主升波沒賺到），但利潤無多，而**大盤一旦做頭，應先伺機**

出脫傳統產業股，**再逢高出脫電子股**，邱先生兩樣都等到「破頸線」才賣，太晚了。

（2）邱先生用「台股已經瘋了兩年，物極必反」這個理由抓到一個長空段，基本上而言是正確的，因為在大多頭之後「反彈衝高卻未過前高」是一個相當危險的現象，有破底危機！

（3）用**「融資斷頭」這種現象抓大盤「止跌回漲」的反轉點，只適合於空頭市場**，多頭市場中不一定每次大跌都會殺光融資，這一點請大家注意。

（4）買鍊德和聯強之時，並非低點，但如因為基本面理由而買進，邱先生「長抱」的策略也還可以。後來他把這兩檔認賠並將資金轉為放空，是標準的「復仇型操盤法」，一旦看錯趨勢，不但前面殺錯，後續放空操作也可能出錯，兩面挨耳光，損失加倍。不過，幸運的是，他這次判斷正確。

（5）事實上，放空那時候強勢的電子股，賺取它將來會「補跌」的價差，就策略而言是錯的。原因在於台股情勢是電子股用吸金大法吸走市場大部分的資金，造成傳統產業股崩跌。如果此時遇到金融危機，非電子股跌勢會雪上加霜，所以──**放空不要選強勢股，要選成交量稀疏的弱勢股。**

（6）在空頭市場的「反彈整理區」，邱先生接連失利是必然的，這與他經驗不足有很大的關係。之前看對兩次大跌，應是見識正確，而非技術問題，但整理區震盪多，需要好的技術，難度在「盤」而非漲或跌。不過他肯面對現實，清算虧空，還算有點反省能力。

（7）「震盪整理」失敗後，必有一段不算小的跌幅，邱先生沒逃，可惜。

（8）大虧之後，邱先生馬上捨股票就期貨。就風險控管而言，我並不贊同這種做法，此時應該退場觀望，等待真正大反彈行情。不過邱先生可能真的是「從教訓中成熟了」，大賠之後改用高槓桿的期貨交易翻本，雖然危險，但是只要做對，就是大勝利。

（9）在1998年空頭市場中，三次依照「融資斷頭」的現象抓底部，是可行的，因為在連續趨勢中，歷史會重演相同結果。

（10）新春股市大漲，為主升（急漲）段，買期貨而搶股票，完全正確，因為主升段大家都會漲到，用「指數」做槓桿操作，獲利可期。

（11）此時趨勢已由空頭市場轉為多頭市場，漲勢的多單可一路抱到做頭時逢高賣出，但跌勢的空單應

該賺一段就跑，因為多頭市場的「底部」十分難抓，除非是高手，不要輕易抱空單過久。

看完以上的故事和分析，讀者們千萬不要被邱先生「倍數」的獲利率給迷惑了──**在學習金融交易時，應忽略前輩嚇人的投資報酬率**，不要心存羨慕，因為每個人的操盤方式並不相同。或許邱先生可以用期貨操作而大賺，而你來做期貨就大賠，但這並不是說除了邱先生之外每個人做交易都會賠，可能你在「自己的經驗範圍內開發自己的潛能會賺錢」，而用別人的方法卻賠錢。

要學習別人成功的原因，別去羨慕那些獲利率的數字。

邱先生一直很努力在學習，雖然他做指數期貨，但他並未荒廢股票。他經常在場內穿梭為散戶提供意見，預測行情，做買賣建議，據邱先生告訴我：他之所以如此「雞婆」，是因為「想大聲講出買賣的理由」。

很多專家都建議投資人在剛開始交易的時候，最好「**詳細寫下自己為什麼買跟為什麼賣的理由**」。這個動作的優點是讓自己可以整理、蘊釀，然後總結，做出一個「清晰而且確實」的結論。邱先生說他想「大聲講出來」，也是經過一定的考慮，才敢講得這麼大聲，而他也在這種反覆練習中，求得進步。

不過，值得一提的是：邱先生在做指數期貨的時候，手上是沒有太多股票的，因為他做期貨偏重短線，心情需要「非常客觀」。為減少個股漲跌盈虧影響判斷大勢走向的干擾因素，邱先生在從事期貨交易時不做股票短線，而只提供別人意見，「維持另一種超然客觀的身分」——這對交易是大有助益的。

投資散戶以及新手，可以從邱先生身上學到什麼呢？

一是**自省**——絕處求生的自省。

二是**學習**——不眠不休的學習（想賺更多，務必要學）。

三是**大膽**——雖然不鼓勵，大家可參考一下別人成功的例子。

我認為對新手而言，自省與學習是最重要的，不要因為股票操作只有買跟賣兩個動作，而誤以為它是很簡單的事。事實上，能夠把它做到「很簡單」的人，恭喜你，因為這意味著你已經成功了。

05 輸得比散戶慘的投顧老師

大多數人在股市成功，其實只是一時的運氣而不是實力，

　　唐先生是相當知名的投顧老師，提起「唐老師」，很多散戶腦海中想到的是：一個優秀的投顧老師。

　　唐老師除了擁有廣大的客戶群之外，也積極開發證券相關事業，他東奔西跑到處演講、寫作股市相關書籍、找電腦程式設計高手來開發股價分析軟體，甚至為了肥水不落外人田，創辦自己的證券公司，用殺價流血的低廉手續費留住自己投顧公司的客戶在此下單，以賺取佣金。

　　在證券圈忙碌多年，從最基本的研究員開始幹起，到投顧界響叮噹的名牌老師，唐先生付出相當多的心血。事實上，由於他只是大學畢業，念的又是文科，當年初進職場時，就比那些擁有碩士頭銜的金融本科系人材矮了一截，但他擅於寫作，寫起股市分析的文章相當有一套，所以很快在這個圈子闖出一點名號，進而擁有屬於自己的一片天。

然而，十多年過去了，他雖然擁有了自己的公司，也累積了不錯的知名度與穩定的客戶群，但在他的內心深處，卻有一個結，綁得緊緊的，始終無法解開。

　　這個心結就是——事實上，他，那位大家都公認很厲害的唐老師，其實是個股市輸家。

　　換言之，這麼多年在股市征戰的結果，他把經營投顧公司（不是那種沿街叫喊像賣膏藥的粗俗老師，而是在螢幕上侃侃而談，態度溫和）賺到的驚人財富，以同樣「驚人」的速度在空頭市場來臨的那幾年輸掉了（當然，投顧老師不能以自己的名義買賣股票，所以他是用親戚的名義）。不甘心失敗的他，把父親在南部老家的土地拿去抵押貸款，試圖翻本……結果又輸了。

　　自己的操作如此，帶領公司會員喊進的明牌，在空頭市場的洗禮之下，從100多元的高價往下掉，80元、70元、60元……一路跌，他一路喊「逢低」加碼攤平，結果還是一直跌，一直跌……最後跌到20幾塊才停住。

　　在100元高價的時候喊錯一次沒什麼大不了，客戶難以理解的是，往下一路跌的這段長達半年多的歲月裡，「唐老師」難道沒有一天想到過這支股票在走空頭嗎？錯一次也就算了，問題是每次都往下加碼再加碼，一錯再錯，客戶前前後後投注在這支股票上的成本，達到了「驚人再驚人」的咋舌程度。

無疑的，唐老師是股市中的一個大輸家，跟很多散戶一樣，他把錢從家裡拿出來，買了股票，結果賠得乾乾淨淨，就跟你我身邊常聽到的許多散戶賠錢的例子一樣，平淡無奇，他只不過是廣大股海中一個比較大的泡沫而已。

　　在長達多年的空頭風暴中，唐老師始終看不出來現在是空頭市場，讓跟隨他的投資人蒙受巨大的損失。「我真的那麼差嗎？」在唐老師內心深處那個隱藏的祕室，存放著他所有股市交易虧損的真相，以及對參加投顧會員的散戶深深的歉疚。可是，這一切的一切，他都必須深深埋藏，絕不能讓外面的人發現──絕不能讓別人發現身為老師的他，其實只是另一個失敗的投資人！而且，輸的錢比散戶更多、更慘。

　　在他內心深處，他根本沒辦法接受這個殘酷的事實，因為他認為自己有以下幾個特點，使他「與眾不同」──

（1）他真的很認真，很努力地在股市中學習。他還記得，十多年前電腦還不普及的80年代，每天收盤後，他用鉛筆在方格紙上一根一根繪製K線，一天畫將近100支股票，一年復一年，這是一件多麼需要恆心與毅力的苦工啊！而他，就是這樣一步一腳印走過來，練出紮紮實實的基本功──這樣苦學出身的分析師，為什麼還是賠錢呢？

（2）他確實擁有「與眾不同」的分析力與創作力——一本本專業的股市技術分析書籍從他的「生花妙筆」之下寫出來，讀者都好信賴他，相信他是個有學問的分析師。看看其他檯面上的分析師吧！只會吹牛皮、騙死人不償命。他可是「肚子裡有真功夫」，每次在電視上講盤，對於基本面、技術面信手捻來，詳細分析，讓觀眾聽得頭頭是道，讓散戶感受到他的誠意，讓跟隨他的人真正有學到「東西」——這一切「卓越」的分析能力、「流利」的口才、「誠懇」的正派經營風格，怎麼可能還會是一個輸家呢？

自從空頭市場悄悄降臨之後，每次他收完盤後上節目，就好像赴法場一樣，因為喊的股票跌了，他愧對觀眾，但是為什麼會跌呢？他真的不知道。

「我真的不知道為什麼這些股票會變成這個樣子。」這是一件多麼殘忍，又多麼令人震驚的事實啊！受廣大股民所推崇的唐老師，中華民國少數幾個喊得出字號的招牌分析師，怎麼會對股市走勢「一無所知」？如果連唐老師這麼有名氣，這麼「聰明」的老師都會在股市成為輸家，那其他的一般投資人怎麼辦？

從大虧時候的心態——「絕不能讓大家發現事情的真

相！」一直到「繼續虧損、甚至虧到自己都不敢再上電視了」，唐老師逐漸意識到一個殘酷事實，並且這個事實正一點一滴浮現出來，那就是：「他對股市其實是無知的。」

他不是一時的粗心大意操作失誤，也不是因為公司業務繁忙而疏於練功，更不是因為名利雙收沖昏了腦袋而造成誤判行情⋯⋯總之，沒有意外，也不是偶然，答案就是：唐老師不懂股市。

天啊！他無法接受這個殘酷的事實。

這樣一來，他寫的書，裡面一定有很多會讓人「致命」的錯誤，雖然內容稱不上是「狗屁不通」、「胡說八道」，卻是「錯誤連連」、「處處陷阱」。

他整個人生都陷入了迷茫之中──「難道，股市中真的都沒有人賺錢嗎？」他以前曾經聽很多高手前輩感嘆過「股市沒有真正的贏家」，但是他不懂、也不相信真的是這個樣子。巴菲特、索羅斯，他們不都是贏家嗎？

在他的內心深處，有一個聲音不斷吶喊著：「我不相信！我不相信股市真的有那麼困難！如果股市真的是那麼難，那麼這麼多靠著股市吃飯討生活的人，不都是在自欺欺人嗎？」

他天天上電視節目解盤，發現散戶很好騙！因為他犯了這麼多次的重大錯誤，但投顧公司的生意都還不錯，這表示散戶是健忘的，以前犯錯沒關係，下次看對一次，就會有新

客戶加入。民意如流水，散戶不會去嚴格追蹤投顧老師的長期績效，這點給了他打混翻身的機會。

於是，多年過去了，唐老師雖然名利雙收，但是他的另外一本帳簿（他個人的股市操作盈虧紀錄），卻是慘不忍睹。每天他在電視上講得口沫橫飛，慢慢地，他對自己的虧錢也麻木了，反正自己輸了以後就拿客戶給他的豐厚會員費來操作，客戶死了一批，就換一批新的，反正天天都有新生的嬰兒誕生，股市不愁沒有散戶接棒。

但是，每當夜深人靜時，他坐在自己買的豪宅客廳中，心中偶爾會湧上一股莫名的寒意……他的錢、豪宅、名車，都是騙來的！他在電視上永遠不會說自己是個輸家——「原來，我只是一個騙子」——他冷冷地想，突然一陣恐懼襲上心頭：「眼前的這一切，都是真的嗎？我可以永遠擁有現在的財富嗎？」他不敢再想了，低著頭，想哭，但早已流不出眼淚。

* * *

唐老師的例子是很多「股市高手」的惡夢，他們終其一生都停留在「股市的知識很豐富、很會吹虛」的階段，但卻無法成為贏家。

這個案例分析起來，其實是很令人感慨的，因為造成他

失敗的原因非常多，而且牽扯到的層面很廣。不過，以下我還是一條條寫出來，每一條都很重要，每一條都可以寫一篇很長的文章來討論。大家看完以後要仔細思考其中的深意。唐老師的失敗原因如下：

（1）他沒有碰到一個對的老師。股市再怎麼難，但只要遇得名師，基本上就還有機會。如果不幸被庸人所誤，走入歧途而無人糾正，那就是踏上失敗的不歸路。

（2）股市的循環週期太大，有時候一個趨勢長達四、五年，在這五年內用的方法可以賺大錢，但再過了五年之後就不靈了。問題在於，過去五年的成功，會讓人以為自己已經是贏家了，在下一個週期仍然使用過去的招數，結果一敗塗地。

（3）只有走對路子，努力才是值得的。如果起頭的研究方向就已經是錯了，那麼再怎麼努力，都是鑽牛角尖，到最後落得一場空。

（4）**傳播媒體上流行的股市知識，大多數都是錯誤的。**即使其中有正確的觀點，也會因為沒有說明配套措施，而變成誤導投資人的東西。問題在於，大家每天接觸到的都是傳播媒體，不知不覺地被洗

腦了，錯誤的股市知識每天源源不斷的輸入。

（5）股市中的有錢人，絕大部分都是靠賺取佣金、手
續費、顧問費、暗盤交易酬庸、賄賂、行騙、利
益交換、法人作價、坑殺散戶等種種方式發財。
能夠運用一筆小額資金，老老實實賺，並且能夠
長久穩定的賺，這種人很稀少，這種方法也很難，
散戶其實要學的是這個，不是好大喜功的操作術。

（6）書店裡90％的股市書籍，都充斥錯誤，讀者不知
道，以為有名的人寫的書就沒問題，於是爭相效
法，結果錯得更深。

（7）股市的操作知識講求完整性，各方面的能力要均
衡：技術面、基本面、心理面……都要培養正確
的判斷能力，此非一朝一夕之功，要有耐心。

（8）不要高估自己的能力，很多人在社會上大有成就，
進入股市之後卻被痛宰，所以千萬不可以驕傲。

（9）大多數人在股市成功，其實只是一時的運氣而不
是實力，所以千萬要分清楚運氣跟實力的差別，
不要自欺欺人。

（10）憑詐騙得來的錢，不乾淨，遲早會離你而去。

以上十點，都是肺腑之言，期望各位能夠永遠牢記在心。

06 老在股市繳學費的宅男

不論長線還是短線，操盤都要有個系統。系統不是自己說了算，是要經過嚴格的審核與考驗的。

    老周是專業投資人，也就是窩在家裡操盤的那種「富二代」。

    不過，老周也只是小富，或是說「迷你富」而已，他剛開始進入股市的時候，家裡給他大概5、600萬的資金。此外，因為他住家裡，所以沒有房貸跟房租，水電全免，反正都是老爸老媽在養，順便還在自己家族的公司掛個董事頭銜領薪水，但很少進辦公室。

    1997年「小周」剛進股市時，啥也不懂，就以為自己是個「企業家」——好像企業家也就是投資家一樣，於是傻傻進場買了一堆，有傳產股也有電子股跟金融股，然後傻傻抱著，過了兩年就賺了一大筆。

    賺了以後，他就覺得自己很厲害了，剛好那時候台股指數期貨正熱，於是他就「股而優則期（股票做的好，就跨足

期貨界）」，沒想到這是一場災難的開始——他呆呆地一口大台指用10萬塊當保證金，於是幾乎在2004年3月發生「台灣總統大選之兩顆子彈事件」之後兩天，大跌賠掉了所有現金，外加負債數百萬。

沒辦法，老爸心疼兒子，幫他還了一大部分的債務，還好那年自己家裡的公司生意不錯，他身為股東之一，分紅不少，於是又有了一筆現金，東山再起了。

過了兩年，市場上出現了一種叫做「興櫃」的股票，他隨便挑了一兩支，感覺走勢滿強的，於是就大買。沒想到後來竟大賺500萬。

正式復出江湖之後，小周舊情難忘，想想上次玩期指大虧是因為留倉，那以後就玩不留倉的當沖好了——沒想到當沖愈做愈差。於是，他又改做留倉的短線，想說有了上次大虧的經驗，自己應該會表現得「愈來愈好」才對。

就這樣，小周短線也做、波段也做；股票也做、期指也做，外加選擇權跟權證，勞煩了一年多下來，算一算帳：總結還是虧。歲月增長，小周也變成了老周。

虧，是一件事，另外更重要的一件事是：老周不是真正的笨蛋。

---

1. 投資人買賣未上市（櫃）的股票。

老周並非麻木不仁，也不是得過且過。以前在學校念書時，好歹也是國立大學的碩士班畢業。雖然社會工作經驗不多，但他也知道反省、知道檢討。經過一兩次大起大落之後，他自認「有學到、有領悟」，他也去看了很多操盤的書籍，網路上的股市征戰資料也看了不少，也有每天確實寫交易日記，但是這一切的一切，總結下來依舊是個「輸」字——他實在是不能接受這樣的結果。

　　他冷靜下來，把自己認為的缺失一條一條寫下來，如下：

（1）交易做的不少，自認實戰經驗豐富，但是「停損」
　　　經常抓不準，令自己非常生氣。

（2）做波段的時候，經常發生太早「停利」的窘況，以
　　　至於賺太少。

（3）單子，「經常」抱不住。

（4）有時候明明該進場卻猶豫不決。記得以前的自己不
　　　是這樣的。

（5）該加碼的時候經常不敢加碼。老想著「多等一天再
　　　說」。

（6）「經常」忘記昨天晚上已經定好的交易計畫。

（7）預測的勝率，沒有顯著的提高。

（8）不但期貨愈做愈短，連股票也愈做愈短線。

（9）盤中下單的時候，經常感到「慌」，覺得這筆交易沒
　　把握。

＊　　＊　　＊

對於老周，我有些話要先說在前面：

（1）愈做愈短不一定是件好事。對於絕大多數人而言，
　　愈做愈短是不吉之凶兆。
（2）產品花樣愈做愈多不一定是壞事，但是不能全部集
　　中在台灣。可以把一點資金拿去投資美國，甚至香
　　港，東南亞也可以。
（3）不論長線還是短線，操盤都要有個系統。系統不是
　　自己說了算，是要經過嚴格的審核與考驗的。

　　我想說的是，如果老周依舊決定以後還是要長線跟短線
同時操作，那麼老周必須自己要有一個決定：他的操作方式
到底要以「預測式的隨機應變」為主？還是要以「機械式的
固定規則」為主？
　　這個問題極重要，但是一般的操作者難有這個覺悟。換
言之，老周的認知被坊間股票書的知識格局所限制住了。接

下來，對於老周，我的建議與看法如下：

（1）預測法的「停損」經常抓不準是正常，必須靠苦練，問題在於，有的人練一輩子都沒啥效果。機械法的停損則完全看操盤系統怎樣規定，每次交易的時候沒有抓得準抓不準的問題，因為怎樣停損都是事先在建構系統的時候就已經規定好的。

（2）預測法的「停利」經常抓不準是正常，理由同上。

（3）在預測法中，「單子經常抱不住」是正常，因為可能每天都要思考很多種狀況，再來決定今天單子要不要繼續留，其他理由同（1）。

（4）不論是預測法還是機械法，「抱單的壓力大」都算是正常，因為除非已經修煉到佛的境界，否則不可能不感到壓力。而克服這種壓力是一門大學問，必須要做好自己的心理分析，再來修身養性。某些心理狀況嚴重的人可能需要進一步的心理治療。

（5）在預測法中，「該進場的時候猶豫不決」是正常的，因為可能會考慮短線中剛發生的微小變化，而改變自己原來的判斷，這時候真的必須果決一點。而「果決」在年輕的時候不太需要練，因為年輕人比較衝動、做事比較快，但老周現在已經不是「小周」了，

老周可能已經過了體力的巔峰期，所以下判斷的速度變慢了。這個時候，就要常常提醒自己：下判斷的時候要振作精神，不要過分拖泥帶水。至於機械法，機械法的法則應該是嚴明的，所以該進而不進是「違反軍令」，自己知道該怎麼懲罰自己！因為軍令如山！

（6）在預測法中，「該加碼的時候不敢加碼」是正常的，理由同上。

（7）在預測法中，「經常會忘記之前已經定好的交易計畫」是正常的，因為可能會考慮到新發生的狀況而改變自己原來的計畫，這個時候要好好考慮新的狀況，然後重新制定新的計畫，或是保留原來的計畫不變。總而言之，預測法經常在動腦，必須經常處在緊張的備戰狀態以便應付突發事件。至於機械法，機械法的法則應該是嚴明的，所以「忘掉法則」就該糟了！一定要把法則背熟！

（8）短線可能會比較注重勝率，因為短線是「少量多餐」。但是波段（中線）跟長線的勝率就沒有那麼重要，因為可能某一件交易大賺而把其他的交易的虧損給彌補回來。所以，勝率可能是一種迷思，重要的還是整體的獲利。

（9）因為人老了，膽子小了、害怕虧損，所以期貨跟股票都愈做愈短——這當然不是什麼好現象。此時，得拿出魄力來，重新審查自己的短線投資計畫（尤其是資金配置比重）以及「非短線」的投資計畫。我的建議是：不要太輕易地棄守中線操作。換言之，全部做短不是一件好事。

（10）在預測法中，「盤中會慌」是正常的，因為隨時隨地都在看到新發生的狀況，這些狀況可能都要做判斷，這樣一來，大腦就負荷過重了！總而言之，預測法經常在動腦，必須經常處在緊張的備戰狀態以便應付突發事件，所以老周必須好好地鍛鍊自己的體力跟腦力。萬一實在太勞累，那就不要太勉強，要想到投資是一種「閒錢」的投資活動（或投機），即使老周是個專職的操作者，也不可以把自己繃得太緊，要懂得適度放鬆。

至於機械法，「會慌」的最重要的一個訊號是：「你的系統還有很多地方不完善」——這就要小心了！因為很多系統操作者都以為自己的系統OK了，殊不知一套完整系統的建立不但需要智力，更需要持續不斷地擴大自己的認知領域範圍，以達到全面改善系統的大格局思維。

以上十點都很重要，但更重要的是：老周要聽進去，更要做到！否則「知而不行」，日子拖久了，反而有害！

07 股市小張傳奇

股票市場的高高低低、起起伏伏，跟我們的人生是一樣的，充滿了各式各樣離奇的變化

　　張先生，字華為，號黯然居士。家住高雄，家境小康，父親開一家小吃店，店面是自己的，所以家裡環境並不算差。

　　張先生最大的志願就是：成為一位專業的操盤手。

　　張先生自小在小康的家庭中長大，但是總覺得自己個性有點叛逆，在學校裡的時候，並沒有太認真讀書，所以常常惹爸爸不高興。個性有那麼一點叛逆，但是，人如果要做大事，不就是應該叛逆一點嗎？過分溫良恭儉讓的小孩，是比較難開創大局面的。

青年立志

　　大學畢業以後，張先生休息了一陣子，然後奉家長之命，去考了個研究所，研究所唸完了。也就是在這個時候，張先生忽然意識到：人生應該有突破，不能夠甘心做一輩子的上

班族，於是他萌生了一個念頭——**進入股市，成為富翁、賺大錢，功成名就**，這才是好男兒該做的事情啊！

從小，張先生就覺得自己跟別的小孩不太一樣，他覺得自己比較聰明、比較靈活，比別的小孩有天賦。所以，在潛意識裡面，他不甘心做一個平凡的人，他想要成為大人物。

有一陣子，張先生泡在圖書館裡面，東看看、西看看，看著滿架子的書，他發現：自己確實是一個知識分子，對於書籍知識的吸收，他感覺自己不會輸給別人。

每個人活著，都需要一些理由，有些人知道自己的理由，有些人不知道；有些人從來沒想過，有些人想了很久，卻依然找不到答案。有些人你跟他講「人生需要一個目標」，他仍然聽不懂你在講什麼，茫茫然如在夢中——但是，我們小張從來不會這樣呆呆地，他會去想、他會以「**擁有人類成為萬物之靈的思考能力**」為榮。

笛卡爾說：「我思故我在。」小張認為，至少他知道他自己在想什麼。總而言之一句話：小張認為他了解自己。

絕大多數的知識分子，不就是像小張這樣嗎？受過所謂台灣學校的高等教育之後，就認為「自己已經是一個知識分子了」！因為他確實讀過書啊——哪些書？教科書，以及書店或圖書館裡面的書。

進入股市

「我想進入股市，我想賺錢！我想成為一個跟別人不一樣的人！我的人生不要平淡！」當小張有了這樣的雄心壯志以後，他開始買了許多股票市場的書籍，努力閱讀研究。另外一方面，他進入一家中型的電子公司，從新進職員做起。

在努力用功的這段時間，遇到不懂的問題，他就上網查詢。有一天，小張為了查詢一個股市專有名詞，無意中連結到了某位「股市老師」的網站，小張在這位「王老師」的網站上面看到許多文章，流連許久，深深感覺這位老師不錯，於是就下定決心，想要跟這位老師學習——對於小張而言，真的是要下定決心，為什麼呢？因為他是社會新鮮人，存款不過才10萬元而已，又要繳學費，又要存錢作為投資的本錢，為將來的投資基金做打算。所以，真的是有一點捉襟見肘。

小張想追隨的這位王老師，在外面主要是以「股市技術分析」見長。首先他傳授給小張的，就是平均線、K線。小張跟著這位王老師，先學長期投資，再學中線波段操作，然後學到短線操作，以及更短的當沖。算是一系列的課程。

小張非常努力的學習，首先，他必須記得絕大部分的「固定法則」。什麼叫做固定法則呢？有一點像是學校的教條，

例如：不能翹課、考試不能作弊。在股票市場的操作當中，有一些基本知識，例如：平均線的計算方法，以及型態學的突破箱型震盪……這些基本知識，大致上來講，可以用背的。就好像我們當兵一樣，一把步槍交給你，如何使用瞄準器、如何換彈匣、如何保養……都是屬於比較固定的知識。但是上了戰場以後，如何靈活使用武器，才是主要的學問。

在第一個階段，小張不斷地充實「基本知識」，同時，也要熟悉王老師班上特殊的操作方法及觀念。在這段時間，小張看到大師兄老趙跟著王老師，兩個人常常每天下午喝咖啡、討論行情，不禁感到由衷的羨慕。在實際操作方面，王老師也常常有神來之筆，令小張感到驚訝、嘆服。小張就像所有純真的小孩一樣，心中暗暗發誓：「**總有一天，我要做到王老師那種境界，成為真正的贏家！**」

在新手的歲月中，小張真的非常努力，常常「跑報表」跑到三更半夜。什麼叫做跑報表呢？就是把一套固定式的操作法則，放到台股的過去的歷史行情裡面去運作，跑個幾年，看看獲利率大概會有多少。例如：你是設定連續三季EPS都在0.5元以上要買進，那麼，你就可以把符合相關條件的股票找出來，然後連續好幾年都這樣做，看看這些選出來的股票將來的獲利會如何。

當然，還有其他王老師教的方法（跟外面的老師真的差

非常多），小張都很努力地去練習。在這段時間，小張認為他找到了一座燈塔，指引他正確的方向；方向既然有了，剩下來就是朝那個方向勇往直前，克服萬難。

股市如人生

小張很努力的研究技術，不但利用電腦程式計算股票的獲利，以便選股，還把在王老師班上學到的機械式操作法應用在大盤指數上面，不斷地練習、不斷地跑報表，跑啊跑啊……竟然跑了幾百遍。在這個過程當中，小張逐漸明白：股票市場的高高低低、起起伏伏，跟我們的人生是一樣的，充滿了各式各樣離奇的變化，聰明的人可以接受，但是愚笨的人就會覺得意外。

小張不想當一個凡夫俗子，他閉起眼睛，讓自己沉醉在股價波浪的起伏當中，隨波逐流。無論是凶險的巨浪、平靜的漣漪，甚至是一潭死水，他都努力想像自己與波浪是一體的。甚至，他認為自己就是那個波浪，而波浪就是他，兩者再也沒有差別。

別人是站在旁邊，用自以為客觀的立場去看待市場價格的波動，他卻不是。他把自己的生活、自己思想的變化，當成了股價的本身，隨著天地陰陽法則、宇宙的公理，不斷地循環變化。而唯獨一顆心，一顆清明的心、一個理智的頭腦、

一份堅決成為贏家的自我期許的心態，卻是不曾改變的。

學習心理分析

小張的努力，得到了王老師的認可。在第二個階段，王老師教導他的是：對自己做心理分析、加強自己的心理素質。

這怎麼說呢？例如：在買進部位之後一直到我們賣出，當中這段時間，我們把它叫做抱單（持股續抱）。抱單的時候，投資人會受到外面風風雨雨消息的影響，信心會動搖，意志不堅的人，是沒有辦法抱下去的。或者說，當初買進的理由，可能就很不踏實，在抱單的時候，聽到外面的人亂七八糟說了什麼，於是心情就更搖擺了……

簡而言之，人生最難的就是把對的事情堅持到底；其次困難的，就是自己知道什麼是對的。前者是實踐，後者是理論。知行要合一，難上加難。

就這樣，第一年過去了，小張覺得自己「還行吧」。然而，王老師的態度卻很平淡，並沒有為小張傑出的學習表現感到滿意。小張就像絕大多數的股市新手一樣，開始急躁起來，心想：到底還要等多久，我才能成為一個贏家呢？

王老師不斷地告訴他：如果是比較長期的投資，技術相對比較簡略，但要堅持長久卻並不容易；如果是短期操作，那麼沒有學習個三年五載，是沒有辦法入門的——第一次聽

到老師這樣說的時候，小張當然可以接受。但是日子久了，小張就開始擔心——人生，有幾個三年五年呢？如果就這樣一直下去，什麼時候我才可以知道自己已經大功告成了？什麼時候我才可以功成名就？最重要的是，如果要等到我老了才能夠練成神功，那時候我已經沒有力氣來享受贏家的人生了。

小張所想的問題，其實就是所有股市新手所面臨的問題。只是，其他的人並沒有一個老師對他們很嚴肅地說：「成功需要漫長的努力與等待。」但是小張的老師這樣說了，於是在小張心中，就留下了一個陰影。

好不容易，真的好不容易，三年過去了，小張孜孜矻矻的學習態度，得到了王老師進一步的認可。於是，王老師將一筆資金交給他操作，並語重心長地說：「我老了，以後可能沒有辦法像年輕的時候那樣，每年都花那麼多精神在股票操作上。未來，我可能要面臨許許多多的事情，我可能會分心。所以，這筆錢交給你，你好好表現，將來這個位子就傳給你了。」小張一方面表示感謝，但是另一方面，他認為：如果要把一筆錢操作到「每個月都有令人滿意的生活費足夠使用」，那麼確實是一件非常不容易的事情。不過，萬事起頭難，小張還是信心滿滿地做下去——他感覺，他要開始迎接他真正的人生來臨。

第一年的操作，還好，在來來往往當中打平了，有小賺一些。

第二年，小張認為**趨勢往上**，但是，外資的操作卻是一直在建立空單。也就是說，小張在跟外資對作；或者說外資在跟小張對著幹——小張把他的操作想法公布在臉書上面，卻招來讀者的冷嘲熱諷。很多人都嘲笑他說：**憑你這樣的一個普通人，卻跟外資的團隊操作相反。你認為你打得贏這場戰爭嗎？你認為你做的是對的嗎？**

於是在這一年，一路走來，小張做多、外資做空；結果半年以後，小張贏了。當年度的獲利績效，達到了48%！

這下子，小張可算是揚眉吐氣了！想請他當顧問的人源源不斷，捧著現金想請他操作的人也開始排隊了。從那年開始，小張的績效分別是20%、12%、8%……雖然略為下降，但這無疑證明了一個事實：「小張確實每一年都在穩穩賺錢！」

小張覺得他終於進入了贏家境界！股市贏家的故事，他總算從頭寫到尾啦！

小張這幾年的奮鬥，對於許多人來講，都是一個最重要的傳奇！從只有幾萬塊錢開始，然後尋找老師、努力學習，然後進入實戰，在技術與心理都水到渠成的狀況之下，表現傑出——這個故事，是不是太完美了？

青勝於藍？

　　這個時候，小張發現他的老師，也就是王老師，逐漸疲憊衰老，沒有再像年輕時這麼神勇、衝勁沒有以前那麼猛。而且，不知道是怎麼一回事，可能是人年紀大了以後，腦袋就開始胡思亂想了，王老師開始把他的人生精力，轉移到「哲學」上面去了。王老師甚至開了課，就叫做「股市哲學」。

　　對於老師開的這個新課程，小張也去上了一兩堂課，但是並不以為然。原因是：小張認為做股票就做股票，應該專心一志，並不適合把時間與精力分攤到其他的領域方面去。

　　但是，王老師一再跟小張強調：**當你進入到某個階段後，如果不能夠深入思想的領域、如果不能夠了解他背後的深奧哲學，那麼，整個贏家生涯將如夢幻泡影，隨時都可能煙消雲散。正如金剛經所講的，「一切有為法，如夢幻泡影，如露亦如電，應作如是觀。」**——小張認為，這是「宗教」的觀念，他不贊成把宗教的觀念牽扯到專業的金融操作裡面來。他認為這是風馬牛不相及的。就算有點關係，但這不是我小張應該花時間去研究的東西——這不是我應該努力的方向。

　　操作越久，尤其是在過了五年以後，小張越來越感覺到：**人類胡思亂想的心理、變化多端的異常心理行為，將會嚴重影響到贏家的操作。**因此，他研究出一套精密嚴謹的固定法

則，不依賴臨時的更改計畫，也就是偏向於機械化操作。這對於一個想要保持戰果的贏家而言，是非常重要的！換句話說：**越是減少心理妄想的干擾，越能夠保持贏家戰果。**

在這段時間，小張越來越少跟王老師接觸了，小張所關注的，是更嚴謹的技術、更精密的方法——他想用高深的技術來引導他未來努力的方向。換句話說，小張認為一個贏家的未來，應該建立在更厲害的技術之上。

這個時候，王老師表達出跟小張不一樣的看法，老師是這麼說的：「**高深的技術，來自於高深的心理。如果一昧追求高深的技術，就會慢慢進入身在廬山中，不知廬山真面目的困境。**」

然而，小張並不認同王老師的觀點。為什麼呢？因為小張認為古往今來的英雄、偉人，以及許多有名的科學家，他們注重的都是新發現，新發明。有的人是發明新技術，有的人是發現新的歷史定律，有的人則是建立起全新概念的新商業模式（例如亞馬遜）——**這些跟心理有啥關係？當然是創意優先，技術至上！**於是，小張就默默地跟王老師保持距離，兩人關係也漸行漸遠。

當一個人越走越遠之後，他的自由意志、他自以為是的自由意志，以及他所追求的卓越獨立，都開始逐漸變得越來越清晰，或者說越來越執著——小張就在這條路上面，慢慢

朝著那個方向做「努力」。

一開始就想錯了

有一天，小張讀到王老師的文章，其中有一段是這樣的：
「**絕大多數的投資人，都以為做股票是一件很簡單的事情，都以為在原來的思維之下，只要再努力個幾年，就可以功成名就……這種觀念，是完全錯誤的。**」

就王老師自己而言，他一再強調：如果你要做短線，或是選股，那麼起碼要有二十年以上的功夫，才能夠有點真正的成績。除此之外，絕大部分都是假象、幻覺，了不起就是「隨機致富的陷阱」罷了——看到這段話，小張想到過去在上課的時候，已經不知道聽過王老師講過多少遍：「一個真正成功的影響，起碼要具備二十年的專業訓練才足夠。」除此之外，小張另外想到的是：「有沒有什麼樣的知識，是我們原來不知道的，所以在我們進入股票市場之後，不論我們怎麼努力學習，都因為我們並不知道世界上有這個東西，所以我們一直追求不到？」

這就好像有個人，從來沒有吃過燒餅油條，根本就不知道燒餅油條長什麼樣子，那麼，就算他找到了真正的燒餅油條，他也無法確定這是真的燒餅油條——於是就陷入「無法確認、所以無法再進步」的窘境當中。

這就好像我們在地球上，從來沒有看過外星人，所以，如果有個看起來很聰明、口才一級棒的人跟我們講「外星人長什麼樣子」，我們可能都會相信外星人就真的像他講的那個樣子──我們根本就沒有辦法判斷他說的是對或錯，因為我們根本就沒有一個判斷的標準。

也就是說，有沒有什麼樣的「知識領域」，是我們以前從來都沒有接觸過的，但是到了股市之後，這種知識就算無所不在、無時不在且鋪天蓋地充滿在我們的身邊，我們卻依舊毫無感覺！因為我們根本就不知道世界上有那種東西，所以我們就算看到了，也不知道。

這就好比以前的人不知道空氣中有細菌存在。別說細菌了，連空氣本身都是透明的，就像我們天天呼吸，也不知道我們在呼吸空氣，更不要說空氣裡面的微生物了。即使我們睜大肉眼去看，也看不到細菌，因為我們的肉眼不是顯微鏡。如果你坐時光機，跟古時候的人說：「看細菌要用顯微鏡啊！」他們根本就不知道你在講什麼──因為顯微鏡還沒有發明！

未知的廣大領域

小張忍不住，跑去問王老師他的想法對不對。王老師微笑了，告訴小張說：「你想的很對，要不然我幹嘛開那麼多

課呢？你們以前在學校裡面學的那些東西，只是知識大海中的一小部分，根本就不足以應付真實的世界。股票市場更是如此，有一大堆的知識，是你們以前沒有接觸過的，上帝叫你們到股票市場裡面來，也許就是藉這個機會，叫你們進一步的接觸這些知識。結果呢？大家誤以為所謂的知識就是以前學校考試裡面的那些東西，如果考試不考，就不叫做知識——這是什麼荒謬的想法啊！」

但是，如果成為贏家需要知道那麼多的知識，那麼外面的那些贏家，難道每一個都是學富五車的大學者嗎？這怎麼可能⋯⋯小張想到這裡，覺得王老師的話乍聽之下很對，但是跟外面的現實世界一比較，就顯得不太對了。

於是小張心想：如果真的是這樣，那麼王老師豈不是認為這些同學在進入市場之前，所學的根本就不夠用。也就是說，每個人都是傻頭傻腦地一頭栽進這個股票市場——這樣的想法，豈不是侮辱了天下人嗎？這不就是看不起人嗎？

如果王老師講的是對的，那麼贏家就真的很孤獨，因為他跟全天下的老師，站在相反的立場！如果王老師講的是對的，那麼想成為股市贏家，「簡直就是不可能」，因為除了高超的技巧之外，還必須具備「恐怖」的條件：聖人的修養，以及堅若鋼鐵的意志力！

如果王老師所言是對的，那麼就表示古往今來，幾乎所

有在檯面上的股票老師都是騙子！要不然就是「他們有什麼成功的祕訣，但是隱藏著，沒公開」——小張反反覆覆地思考、來來回回想了不知道多少遍，得到一個結論：「王老師不是對的」。

如果王老師不是對的，那麼每個人成為股市贏家的希望就大大增加了——平凡人跟股市贏家之間的距離也因此大幅縮短。換句話說，小張離贏家境界已經很近了！

假贏家的謊言

小張一直沒有弄清楚兩件事情：第一，長期投資賺大錢的人，幾乎全部都是靠自己的運氣，把握自己能夠選到那些大漲的股票，也是依賴自己天生的運氣，跟自己腦袋裡面的「思考實力」沒有什麼關係。也就是說，如果重來一次，把歷史事件重新組合，重新讓他選擇，如果能夠讓他重複選個幾百次、幾千次，那麼，他的選股實力就會開始穿幫了。

人類往往憑著自己一次的成功，就試圖全面承認自己的實力確實存在。這就好像有個人隨便揮棒，只要擊出一次全壘打，他就認為自己是全壘打王了。接下來，我們再找個比較厲害的投手，繼續餵他球，看他能夠打出幾次安打……這個時候，他的真面目就要穿幫了。他很快就會發現：**自己是個輸家。但是在現實生活中，股票市場每一次的交易機會，**

總要隔一段時間才能夠分出勝負，這段時間當事人就迷惘了，因為在時間之流當中，會發生各種奇奇怪怪的事情，擾亂我們的耳目，到最後，我們就會把失敗歸罪於某種因素，而不是自己當初的選擇。換句話說，我們會利用進出之間的這一段抱單時間，把責任推到別的事情上面，也就是把失敗的責任轉嫁他人、轉嫁給別的因素。

第二，小張忽略了一件事情：絕大多數人進入股市時，本來是想要做長線投資，結果往往因為貪心，想要天天收現金，所以在不知不覺中，就跑去做中線跟短線。然而，中線跟短線的交易都屬於職業贏家的擂台，高手雲集，如同一群惡狼虎視眈眈地盯著獵物，一般的投資者想要在其中存活，機率幾乎等於零。

一戰「成名」

就在這個時候，2014年，台灣的股票市場，轟轟烈烈地往上漲。幾乎每一堂課，王老師都叫同學們站起來，問他：「買了沒有？」幾乎所有的同學都說沒有買！因為有疑慮！對上漲行情感到懷疑……課堂上洋溢著一片騷動不安的情緒。小張看在眼裡，突然靈光一閃，他看到王老師拿著教鞭，聲嘶力竭地質問同學：「為什麼不買？」他突然覺得：王老師做多的意願是如此的堅持，那麼，**就像這個盤一樣，這個盤的**

上漲「應該」只是一時的假象！因為這個自以為是的王老師是反指標——這個念頭，從剛開始的靈光一閃，到最後就像泰山一樣巨大、屹立不搖，堅決地聳立在小張的腦海中，就像一根擎天巨柱。

於是小張決定了：在2014年這一年，全力放空！

首先，他選了兩支股票，然後，再放空台灣50，接著放空台灣指數期貨。連續性的動作，一波接著一波，只要股市創新高，在他的眼中，就是達到了「最後的極限」，就給他空下去。

後來，2014年的行情就是一波又一波地上漲，越漲越多，終於在7月突破了萬點行情。小張虧得一塌糊塗。（下圖為2014年台灣股市加權指數走勢圖）

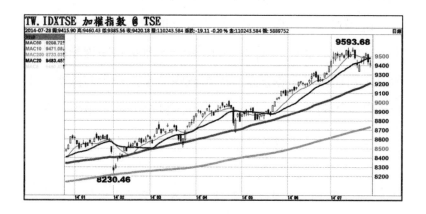

不簡單的小張

各位讀者，小張輸錢了——但是，如果你以為小張就是這麼一個簡單的人，那就錯了。

不要小看小張啊！

學股票學了那麼久，小張有一個地方學得很好，那就是，他懂得沉澱下來思考，懂得如何在事前部署，而不是盲目去做。在這段學習的時間，他發現：王老師幾乎都把所有的精神與時間集中在台股市場，雖然美股市場也會有討論，但是火力幾乎都集中在台灣一個區域。小張認為這樣的策略是不對的，當小張明白這一點之後，他心想：自己已經有了操盤的功力，那就應該把自己的投資對象，擴展到全球各個領域！各位讀者，這是多麼樣的雄心壯志啊，這是多麼聰明的分散風險的投資策略啊！我們是否應該學習呢？

在2014年，小張發現：國際石油的價格呈現收斂，接下來，他做了大膽的、「睿智」的判斷——他覺得這裡是高檔，所以，石油價格即將下跌。怎麼辦呢？當然是全力做空了！於是從這年開始，小張開始大力介入國外的期貨市場，首先就是全力放空石油期貨——於是到2014年底，小張大賺了。

（註：2014年6月，伊斯蘭戰士未能奪下吉爾庫克和庫德

族自治區附近的油田，也未能進取伊拉克南部的油田，使市場原先擔心的供油短缺疑慮一掃而空。一旦利比亞恢復石油出口，且伊拉克石油出口持續不輟，油市交易員隨即把注意力轉向頁岩油加緊生產，以及下半年石油消費成長減緩，油價隨後便一路下跌，一直跌到2016年1月才觸底回升。）

如果一個人，他同時做兩件事情：第一件是大賠，第二件是大賺。各位讀者，你認為這個人是成功還是失敗呢？（下圖為近年來石油價格行情走勢圖）

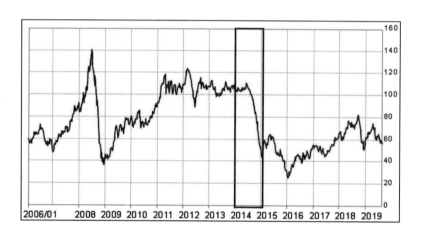

這個贏家只想著好的

小張告訴自己：他成功了！在放空石油期貨這件事情上

面，他賺錢了──這是不是一個事實呢……？他告訴自己：這是事實，所以他成功了！

各位讀者，人的自欺欺人，通常是在不知不覺當中，但是有很多人，明明知道自己的行為有疑慮，但是他就是在口頭上不願意承認。接著，就好像唸咒語一樣，他不停的重複「我成功了」這句話，彷彿這樣做就可以使自己成功。至少在整個環境氣氛上面，因為他自己一直默念成功，或者高聲朗誦自己的「豐功偉業」（而不面對自己做的錯事），如此，在他周遭的氛圍，都可以感受到他「成功」的歡樂氣氛，當周圍的氣氛開始歡樂了起來，他的成功也就彷彿得到客觀環境的認定。

於是，小張自認他自己成功了──當一個人成功之後，他第一件要做的事情，就是開始否定他以前瞧不起的人，以及「比他厲害」的人。然後，他要擴大他的成功範圍！

股市偉人，開疆拓土

小張開始擴展自己的領土、擴大自己的事業，他開始進軍網路，他成了網路紅人。他擁有上萬名讀者、擁有好幾萬的粉絲、擁有了擁護他的人──在一片歌功頌德之後，他開始跟漢武帝一樣，跟秦始皇一樣，跟歷史上所有武功震世的帝王一樣，他覺得自己是股市之王、人中之王，萬王之王。

然而，接下來經過了幾年的奮鬥，小張帶領的這一大批粉絲，結果是什麼呢……？結果還是賠錢。這群人在來來往往的交易當中，有時候賺得多一點、賠得少一點；有時候賠得多一點，賺得少一點……總結下來，勉強拉到打平。但越做到後面，他就越忘記當初他這個贏家頭銜是自封的，王冠是自己戴上去的……他開始「屢敗屢戰，屢戰屢敗」。

小張刻意想把失敗的交易從腦海中抹去。他不是用橡皮擦抹去的，而是在不知不覺當中，在他自己的思想、生活之中，都忽略掉這種失敗的經驗，讓失敗的氣氛不要感染自己目前的生活——他不想看到失敗，因為他已經從粉絲身上剝削了很多的金錢，他開始要真正享受贏家的生活了。

繼續騙自己

各位讀者，請注意：小張現在成為你們最羨慕的目標了，小張成為了大富翁。

也許我們現在要講的不是小張，而是張員外，張大財主。換句話說，小張不再是我們接下來要講的男主角啦，真正的男主角，應該換成追隨小張的那一批粉絲。不論在網路的表現上面，或是在秀對帳單上面，他們彷彿都相信：小張是真正的贏家！因為他有錢！

在這一連串的騙局之後，只有少數人開始「醒」過來，

多數的人，都變成了第二個小張，第三個小張，第四個小張……無數個小張，繼續自欺欺人、繼續不求上進、繼續蒙蔽自己的思想、繼續愚痴、繼續做春秋大夢，幻想自己已經成為贏家，已經成為富貴中人，已經成為有福之人，過著愉悅的「贏家」生活。

成為贏家的祕密

但是他們的錢，有的人是一點一滴在流失，有的人是在每一筆交易之後，狠狠地被咬掉一塊肉──問題是：他們會醒過來嗎？不會。人的一生，最重要的是活得愉快，而不一定是賺錢。當一個人擁有一定數目的資金之後，他可以慢慢忍受他的「自己」被剝奪，然後繼續騙自己：他仍然有錢、他現在活得還可以，他未來會活得很快樂。

小張，與其他千千百百個小張，也許這一輩子都不會想到一件事情，也許這一件事情要永遠困惑著他們，那就是：**到底要怎麼樣，才能夠算是真正的贏家？**

要成為真正的股市贏家，祕密就在我們身邊，一點都不做作、一點都沒有隱瞞、一點都不虛偽，那就是：**一個真正的贏家，必然擁有正確的思想、正確的人生觀、純正的道德、正確的行為、正確的日常生活。**也就是說，一個真正的贏家，就是思想成熟，過著最正確最正常的生活，不投機取巧、

不抄捷徑、沒有過多的慾望、堂堂正正、清清爽爽、乾乾淨淨——這就是贏家。

回過頭來看看自己——股市當中，哪一個不是利慾薰心？哪一個不是想抄捷徑？哪一個不是整天都在幻想「賺錢很簡單」？哪一個不是在想「這世界上很多阿貓阿狗都發財了，我為什麼沒發財……」？哪一個不是心存邪念，把股市贏家想成是一種「特殊的祕笈，誰先發現誰就贏」，而不是一條堂堂正正的真理大道？

贏家真正的祕密，就藏在聖賢之道裡面。但是，幾乎所有的人，都自我幻想股市祕訣是「某種特殊的技巧方法」——於是做出種種違背真理的行為。為了獲利，開始扭曲自己的思想、扭曲自己的人生觀、使自己的生活越過越變態，越來越不像個正常人，在日漸不正常的生活當中，精神亢奮、腦力衰弱，糊裡糊塗地認為自己越來越接近贏家境界。

贏家之道無他，唯在聖賢之道爾。

各位讀者，古往今來，多少英雄豪傑、多少自以為是的英雄好漢、多少半吊子、多少騙徒、多少有點小聰明的人，都在自欺欺人，幻想股市中有條捷徑能夠通往贏家境界，而從來沒有去想過：**一個不潔身自愛的人、一個擁有錯誤思想的人、一個平常無所作為的人、一個平常不存心向上的人、一個胸中無聖賢之道的人……**這種人，如果有神明存在，老

天怎麼會讓這種人成為股市贏家呢？

正所謂：「多行不義必自斃。」一般人幻想有了錢之後，便能為所欲為、肆意妄為，甚至胡作非為。更有甚者，有些人在還未成為贏家之前便開始胡作非為；有些人還認為不胡作非為就無法成為贏家；甚至還有人覺得：「如果不不擇手段、不心狠手辣、不拋棄慈悲之心，就無法成為贏家！」然而，這些種種荒誕的想法、近乎惡魔般的心態，試問各位：這樣的心態，是讓自己離贏家境界越來越遠，還是更接近贏家境界呢？

康莊大道

各位讀者，社會上充斥著種種邪魔外道、奇技淫巧，光怪陸離的觀念與思想，無情地蹂躪著人們的身心。你是否承認這是一種亂象？你願意繼續任由自己被這些亂象所左右嗎？

成為贏家的正確方法，其實並無太多神秘之處。關鍵在於：**擁有正確的思想、正確的生活態度、正確的人生觀，以及正確的知識。端正思考，端正生活，如此才能在股市中立於不敗之地。**

試問：一個人如果不行善、不作為，整天腦袋空空，只會空想賺錢，甚至只埋頭於賺錢的事，卻極少或根本不做其

他正經事⋯⋯老天爺會讓這樣的人成為股市贏家嗎？

　　那些不義、不正、不作為之人，或者認為「賺錢是賺錢、道德是道德、生活是生活」，將一切事情分開來、彼此對立，進而自我分裂的人⋯⋯你覺得，他們能成為贏家嗎？

　　朗朗乾坤，天經地義。然而，世人愚昧，偏不走正道，妄圖另闢蹊徑，巧言令色，自以為是，以偽知識粉飾愚昧，卻自認聰明智慧。種種逆天而行的愚行，究竟是「人定勝天」，還是自取滅亡？

08 「傻瓜投資術」與長期投資

長期投資每一次進場（包括加碼），其實都是一個獨立的交易。

　　2020年的秋天，張三、李四、王五，三個好朋友，見股市火熱，就約好一起進場做股票，準備發大財。

　　三個朋友操作了一年半，發現：「**買了股票以後，就算被套牢，只要願意耐心等待一段時間，它都漲得上去！**」

　　三位朋友當中，張三以前從來沒有做過股票，而且他很年輕。他之所以會在2020年跑進來做股票，是因為他進入社會之後，在2020年剛好賺到第一桶金，手上有幾十萬，年齡32歲，身強體壯，充滿了鬥志。

　　在2020年8月中旬某一天，張三連那天的日期都想不起來，他只知道股票市場大跌了，也知道「股市要趁大跌的時候買進」。於是，他想也沒想（後來檢討起來，他也不知道自己為什麼想都沒有想？）就到銀行裡，把那個50萬定存解約，然後跑去買了一檔股票。然後，第二天，這支股票漲了，

第三天，還是漲⋯⋯就這樣，在持續獲利的狀況之下，他放了兩年，這一支股票，從20幾塊，漲到200多塊，漲了將近10倍——也就是說，他原先投資的50萬，變成了將近500萬！

他覺得自己「發財」了。沒錯，他確實發了一筆小財。而且，他操作得很成功，在將近是最高點的時候，賣掉。他還記得那一天，早上起來，看到成交量放得很大，他就把它賣掉了，別人問他：「以前成交量放大的時候，你為什麼沒賣？」他也說不上來。也許是：「以前成交量放大的時候都沒有賣，所以這次就應該賣了吧⋯⋯」

發財之後，他感覺飄飄然的，覺得這一輩子過去經歷過的不愉快的事情，多多少少得到了一些彌補。然後，他很自然地做了一個決定：「**股票市場賺錢，並沒有想像的這麼困難，只要選對股票，然後抱緊，有耐心，遲早會漲上去的。**」這個「知識」，逐漸成為一股堅強的信念，因為他過去用這個想法，賺到了500萬，這是一樁了不起的成就，至少在他目前有限的生命中。

張三把股票賣了之後，很神奇的，這支股票的價格就開始下跌，一直跌⋯⋯終於，股價從200多塊，腰斬，變成100多塊！他很高興，認為自己賣對了。然後，等到這個股票跌到某一天，這一次，他不像上次那樣，做事情都憑直覺，這

一次，他特別查閱了媒體上面有關這支股票的訊息，得到結論是：「這支股票並沒有變差，這家公司運作良好，將來還有希望！」於是，他「**決定再來一次，成功是可以複製的、富翁是可以模仿的，只要自己有知識，肯努力，有耐心的等待，一定可以。**」於是，他跟上次一樣，趁大跌的時候買進——這有什麼不對呢？

他用多少錢去買呢？這一次，除了500萬之外，他輝煌的戰績說服了他的太太，岳父、父親，三個人又多了200萬，總共是700萬，全力投入這個容易發財的聚寶盆。

買了之後，漲了兩天，跌了三天，他告訴自己：「我是在做長期投資，不要急。」然後，整理了一段時間，沒有太大起色，但是也沒有看到大跌。於是，「**天下太平，沒事了，現在應該是打底的時候，將來一定會有一天，一飛沖天的……**」他這樣告訴自己——他相信：這個世界也是同樣傳遞給他相同的訊息。

他繼續等待，終於有一天，事情發生了，股價居然大跌！從100多塊，跌到了50元，他的700萬投資，虧掉了350萬——不過，原先獲利還是很多，扣掉這350萬，他還是賺。

於是，他繼續上班，家裡似乎還跟往常一樣，彷彿什麼都沒有發生——其實不然。他開始發現，自己看盤的次數明顯增加了，頻率也變高了。以前對股價漠不關心，現在，

每天都會看一下他被套牢的這支股票今天收盤到底是多少錢⋯⋯

　　他的生活發生改變了，但是他的信念沒有改變。將來這支股票會怎麼樣？他會解套嗎？如果解套了，他還會繼續像以前那樣獲利嗎？他在持續獲利的狀況之下，是越來越高興呢？還是壓力越來越大？這筆資金，現在還是賺的，那為什麼還給他這麼大的壓力呢？各位讀者，你認為呢？如果你是張三，你要怎麼幫他分析這筆投資呢？

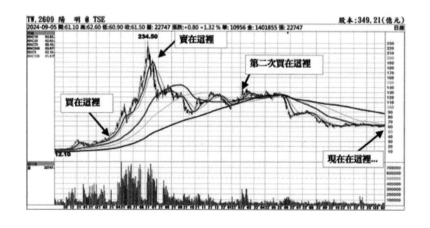

＊　　＊　　＊

　　在以上的故事當中，張三先生做了兩筆交易，茲分析如下：

（1）第一筆交易，長期投資。我建議大家想一想：張先生他們三位，在2020年進場之前，為什麼沒有遭遇過重大損失？如果他們遭遇過重大損失，動搖他們的信心，那麼，2020年他們就不會那麼樣敢做敢衝了？我覺得這個問題，跟個人的命運有關係。

我個人小小的心得是：在股市中，運氣占一半，實力占一半。關於運氣方面，我建議投資人平常要保持心平氣和，心安理得，盡量過正常的生活，減少錯誤的成見，減少負面的情緒，盡量行得正坐得端，這樣，頭腦保持清醒，才能發揮正常的判斷力。

實力方面，當然最重要的就是學習正確的知識。首先就是要找到對的老師，再來就是自己要多努力，打開心胸，勝不驕，敗不餒。

張三先生第一次進場的理由，其中包含了太多的命運成分。我也認為：每個人進場的理由都不盡相同，這是因為個人因緣使然。對此，我不會太過於在意——我關心的是：進場之後，投資人本人，有沒有隨著市場價格的變化而逐漸領悟市場的道理？亦或是「只是跟隨市場隨波逐流」而已。是正是邪，兩條路，端看投資人自己的決心與選擇。

（2）張三第二次進場，基本上，是錯誤的。也許他的好

運用完了，所以，那支股票沒有辦法繼續漲上去。由此可知：「**成功的經驗不是不能複製，而是很難複製。**」建議投資人應該把所有的第一次成功都視為僥倖，然後去思考成功背後的原因，加強自己的實力。然而，在這個故事裡，看不到張三在賺了大錢之後有加強自己的實力——這就是致命傷。

（3）以上這個故事是真實的。也就是說，這支股票未來會怎麼樣，我們真的無法預料……因為張三可能會持有很多年。

如果這支股票在未來十年之內，沒有回到當初的高點，那麼，在這十年被套牢的辛苦歲月當中，張三是否能夠反思：「我當初做的這個入場決定，到底錯在哪裡？如果真的錯了，我是不是要去加強自己不足的部分？我是不是沒有自己想的那麼厲害，所以我應該謙虛為懷，去學習正確的知識？」張三在被套牢的年代當中，會不會有這樣的領悟？我不知道。但各位投資人，特別是正在閱讀這本書的讀者們，我希望有類似經驗的人，能夠從這個故事得到一些反省與啟發。

如果這支股票，在未來的歲月當中，能夠再創新高，那麼，張三一定會解套（就讓我們祈禱他能夠一直

抱緊，中途不要變卦）。但是，解套之後，甚至「再次」出現大賺之後，張三還會不會反省呢？還會不會察覺他當年「再次進場」的決定過於冒失呢？

（4）**長期投資每一次進場（包括加碼），其實都是一個獨立的交易。**建議各位：盡量不要「過度簡化、抄襲」以往的成功經驗。這樣真的很容易變成「無腦複製」而淪為失敗。不能夠因為前一次成功，就存著僥倖的心理，而這些心理往往是在不知不覺中影響我們的判斷。

小結：我們在做每一個投資決策時，都很容易被以前成功的經驗干擾。於是，以前的「成功記憶」反而變成了一種僵化的成見。這個是需要很小心的，所以在必要的時候，要放下，要清空，保持現在頭腦的清醒，就是這個道理。

09 野心家

當擴展投資範圍時，短線操作幾乎無可避免，而短線交易是世上最困難的工作之一！

　　從前有三個好朋友，張三、李四、王五，見2020年股市行情大好，就跑去做股票。其中，「最沒有股票知識」的張三，賺得最多……那麼，李四跟王五呢？

　　我們先來看看李四先生的遭遇——

　　李四先生跟我們的張三先生一樣，用手頭上的現金，重重壓下去，買了股票。然後，兩年以後，李四也賺了一大筆！

　　不過，李四和張三、王五不同的是，他從小就是品學兼優的好學生，拿過無數獎狀，學業成績始終名列前茅。高中考上第一志願，大學也是第一志願，後來還赴美留學，從長春藤名校拿到了兩個碩士學位。回台後，他在一家大公司任職。然而，天底下沒有十全十美的事，可能是個性使然，40歲的李四仍然停留在不上不下的中階主管職位。他認為自己受到職場打壓，但從未意識到，這或許與他難以與人融洽相

處有關。用通俗的話來說，就是個性「難搞」。

當李四在賺到這筆錢之後，認為：「**憑著自己的聰明才智，一定可以在股票市場中打出另一個新天地！**」

於是，他開始認真起來了。他自學各種金融市場的操作知識，把目光投向了一個與他原本電子業完全不同的新領域。他憧憬著華爾街那些電影裡成功的金融大亨，幻想著自己能成為像他們一樣的富豪。他深信自己有這個能力，畢竟，他過去一直是如此傑出優秀——更何況，這次交易的成功，已經驗證了他的能力是「實實在在的」！

於是，我們的李四「正式」踏入了「知識的世界」——人類文明的智慧殿堂。他決心開創一片新天地，不僅學習期貨操作，還研究各種衍生性金融商品。他的雄心勃勃，不僅限於台灣股市，還計畫投資全球股票市場，甚至他想做波段、想做短線，甚至他想做當沖。他的雄心壯志，彷彿連世界上最堅固的城牆都無法阻擋。

然而，**遺憾的是……經過兩年的「專業短線交易生涯」後，他一敗塗地，將當初賺來的錢賠掉了80%以上。**

李四無法理解這一切。他問自己：「為什麼？我這麼優秀的學歷、這麼聰明的頭腦，居然無法在股市中成功？連做一個小小的專業操盤手（無論長線、短線，甚至二刀流）都不行嗎？股市如此之大，竟容不下我嗎？」

賠錢之後，李四的精神變得不太好，變得很容易生氣，變得更心胸狹窄，更難以相處……總而言之，他變得比以前更自私、更冷酷了。幸好，職場生涯似乎出現了一點轉機，因為景氣轉好，下一次公司的升官名單，可能有他的份……還有一件事，可能更重要：他交往多年的女朋友，想安定下來了，認真與他談到婚姻的事情。

　　然而，這些轉機，只讓李四稍微分心了一下。他始終念念不忘：「為什麼我會失敗？」這可能是他這一輩子，第一次真正開始懷疑自己……

＊　＊　＊

　　我見過許多投資人，在賺到大錢後，便迫不及待地投入短線操作，想要迅速累積現金、快速發財！

　　但許多人並未延續原本成功的投資策略，而是開始滋生野心，企圖擴大自己的版圖，進軍更廣大的金融市場。他們可能自認已經足夠了解市場，或是誠心學習更多的金融知識。然而，他們往往忽略了一個關鍵：**這不僅僅是努力與決心的問題，而是自身的天賦與努力是否足夠。尤其當擴展投資範圍時，短線操作幾乎無可避免，而短線交易是世上最困難的工作之一！**

我常對人說，台灣每年都錄取許多優秀的醫科學生，那些進入頂尖醫學院的高材生，考試成績之驚人，簡直可稱為天才。然而，即便如此，台灣每年未必能培養出一位真正合格的短線操盤手。

回顧人類歷史，不少人在某一領域取得成功後，便將這份成功的意義無限延伸到其他領域。古代許多帝王將相，前半生輝煌，後半生卻一蹶不振，就是這個道理。

任何人都可能走上這條類似的路：在成功後，信心大增，於是渴望更上層樓。然而，在金融市場中，**這種「上進心」往往會異化為「涉足更多陌生領域」。於是，失敗幾乎是可以預期的。**

以我自己的經驗來說，在第一次嘗到成功的滋味後，我也像李四一樣，想要擴大投資觸角。但也許我比大多數人多了一些自知之明，我明白：「擴大觸角後，這條路只會變得更加艱難！」因此，我提前做好心理準備，學會在短線交易中遇到困難時，不驚慌、不氣餒、不被擊倒。

對於這類投資人，我的建議是：如果你想擴展投資或投機的範圍，除了評估自己的天賦與當下的實力外，還必須清楚了解這條路上的艱辛。不論是「市場價格的詭異變化」，還是「短線操作所需正確知識的高度門檻」，都可能遠超過你的預期！所以，一句話：請做好心理準備。如果怕熱，就不要

進廚房。

　比較務實的做法：首先把自己的資金管理好。一開始，不要用太多的錢去做短線交易，最多絕對不可以超過三分之一。

　一個人，要克制自己，尤其是要壓下自己的雄心壯志，是很難的。所以，投資這條路上，希望有這種慾望的投資人能夠在百忙之中，至少保持一點清醒，看看上面李四先生的故事，希望能帶給讀者一點啟發。

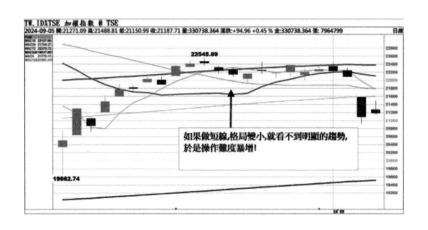

如果做短線,格局變小,就看不到明顯的趨勢,於是操作難度暴增!

10 保守者

錯過趨勢，通常都有深層的原因。對老手而言，這個原因，
恐怕已經根植在你周圍多年了。

　　這個案例延續前兩個案例，接下來讓我們看看三位朋友
中年紀最大的王五先生的遭遇——

　　王五先生以前做過股票，但成績平平。他年輕的時候，
花費大量時間與金錢，尋找民間高手，向所謂的「老師」學
習，希望能掌握投資的真諦。然而，十年過去，依然一無所
成，期間的許多辛酸血淚，就不必多說了。

　　進入2020年的大多頭行情，王五卻始終抱持著懷疑的態
度。他心想：「怎麼會漲得這麼多？這裡一定是高點！所以，
我不能追高，這只是反彈而已。現在消息面這麼壞，瘟疫肆
虐，但股市卻這麼好，這一定不是真的，我看到的都是假
象！」

　　王五的教育背景與社會經驗告訴他：「這個社會、這個國
家，充滿了腐敗與黑暗，人與人之間冷漠無情。我們不能輕

易相信別人，社會上到處都是詐騙，手機打開來全是詐騙簡訊。股市裡那些瘋狂殺進殺出的人，根本就是傻瓜！我不能隨波逐流，不能像烏合之眾一樣瞎起鬨。他們迷茫，而我是清醒的；眾人皆醉，我獨醒。還有，人多的地方不要去。當群眾都說股市會漲，那它就會跌；當大家都樂觀，我就應該學會悲觀。所以，我不能買股票，我要忍住，我必須戒急用忍！」

就這樣，王五錯過了自己一生中（截至目前為止）最凶猛的一輪大多頭市場！他買的太少，沒有賺到什麼大錢，就幾萬塊而已。這微不足道的收益讓他成了笑柄，尤其被張三和李四嘲笑。雖然他感到羞愧，但他的表情依舊冰冷，毫無波瀾。王五心裡暗自思忖：「我這麼小心翼翼，謹慎防範黑暗世界的陷阱，為什麼上帝沒有眷顧我？為什麼上帝不憐憫我這種謹慎謙卑的行為？」

王五輸了，但他並沒有痛苦流淚，只是靜靜地思索著這一切。他開始隱約意識到：這個世界，或許並不是完全那麼虛幻，它還是有些真實的……

* * *

俗話說：「新手偏多，老手偏空。」老手的致命傷，就是

太過於保守。尤其在大多頭的時候，這種人會很吃虧。我自己也算是「老手」，所以我時刻提醒自己，務必小心，不要陷入這樣的態度而錯失良機！

既然是老手，「勝不驕，敗不餒」的老規矩就應該早已熟稔了。於是，沒有什麼大問題，錯過一次機會，並不代表永遠都會錯過接下來的每次機會。所以就繼續勉勵自己東山再起吧！就是這麼簡單。

錯過趨勢，通常都有深層的原因。對老手而言，這個原因，恐怕已經根植在你周圍多年了。所以，請沉澱一下，冷靜一下，去想想：這麼多年來，學了那麼多，為什麼還會錯過這麼明顯的趨勢呢？通常的主要原因都是因為：「**心理脆弱，生活不順，所以頭腦不夠清楚，新陳代謝變慢，缺乏果斷力，體力下降**」這些因素往往會干擾正常的股市判斷。

與其再去想著下次的大多頭什麼時候來，倒不如想：「有什麼缺點，現在就改善。」今天應該做的事情，不要拖到明天。

股市投資，必須是件快樂的事

　　在我以前寫作的地方，從窗戶望出去，不遠處可以看到一棵非常巨大的樹，每當黃昏，新店溪那邊的晚風吹過來，很清涼。我時常望著大樹背後的那片天空，心想：「我現在活得很好，所以我要記得每一次從這裡眺望出去的那種幸福感。」——望著天空，不知不覺已經過去這麼多年。

　　然後，一個念頭突然在我心底響起：「**操作者，遲早必須回到當初的起點。**」

　　我的意思並非要回到財務上的起點，而是心境上的起點。

　　剛開始進入股市，很多人都是為了獲得財務上的自由，但後來卻漸漸地失去了「自由」。

　　為什麼會反而不自由呢？因為自己變成了職業操作者。雖然很可能賺了一些錢，但也犧牲了一些歲月，而且股市是一種事業，需要花時間學習。

　　在這些年中，我領悟到一些事：對我個人而言，股市是我最重要的知識來源之一，它是我心中的一座美麗花園。即

使很多人半途而廢，放棄了這個事業或興趣，但那些都是發生在花園圍牆之外的事。我必須定下心來，不讓俗世的干擾所影響。

外人之所以很難體會我的心情，是因為我每天在思考的事已經跟一般人的「距離」很遙遠——也許有些人進入這個市場是想趕快賺錢，但我每天思索的，卻是**如何教會別人也能在股市中賺錢**。

不對錢過度執著，才能穩健獲利

這些年來的教學經驗，讓我獲得許多喜樂與苦惱。有的同學成功得到財富自由，但也有更多的同學悄悄放棄了。我一直把這些人的退出視為是自己的責任，於是我拼命去思考，有沒有一種更簡單的方法能讓大家更容易賺到錢……我想過很多「捷徑」，但最後還是讓我回到「大路」上去。

我本來是一個對錢不是很有興趣的人，進入股市多年之後，我變得比以前積極，但是這種積極，加上大量的精神跟時間都投入教學工作，讓我一度陷入「焦慮」之中。為了要脫困，我動用了大量的心理分析，幫助我自己，也嘗試幫助別人。

在我領悟到一個比較完整的系統跟方法之後，我不但想賺更多的錢，也想讓其他的同學也能領會這些東西，但其中

的過程並不順利，我在課堂上領略到許多人性，而這些人性的深沉面喚醒了我心底許多被掩蓋已久的想法。

一般人在進入股市之後，會立刻受到許多的誘惑跟汙染，加上許多對自己不切實際的高遠期許，令人喪失當初的那份純淨心智，而變得油條、市儈，甚至自欺欺人。久而久之，很多人就變得「回不去了」。

回想當年，我進入股市的初衷，不就是希望能省下更多時間去發揮自己的天賦興趣嗎？因此，我們每一個投資者都不應該為了錢而「過度執著」。

為什麼要放下對錢的過度執著呢？因為過度執著會干擾判斷，讓我們在市場中焦慮不安，反而賺不到錢。

一開始，股市新手要加緊學習；到了中期以後，「放鬆自己」，就變得愈來愈重要。因為執著、在乎、計較，所以我們無法面對失敗，無法忍受邁向贏家之路一切必經的考驗。而且，生活的品質降低，當初「夢想」的財務自由絕不可能因為我們愈來愈在乎錢，而獲得改變。

直到最近兩年，我才有機會稍微放鬆一下自己。我的學習規畫跟投入時間其實都沒有減少，只是心情變得比較不一樣罷了。

股市，一面觀照自身的鏡子

在此我想分享一個我認為很重要的投資指標，就是自己的操作「悠閒度」——不單是對我自己而言，對學生以及讀者，更是如此。

如果我自己都不能過著一種比較輕鬆的生活，我想有些人，尤其是我的摯友以及相信我的學生，都會覺得失望吧。

真正的財務自由是要歷經十幾年以上的考驗，因為大多數只是隨機的致富陷阱。很多人都以為自己已經是贏家了，其實只是在預支他未來的成本而已。

我想說的是：**股市投資，必須是件快樂的事。**

如果你的實戰經驗還不成熟，那麼你可以讓你的「學習生活」變得有趣，以彌補實戰的時候因為緊張而帶來的壓力。然後，藉由時間的幫助，慢慢累積經驗，慢慢消除緊張的狀態。

一般人不能放鬆的原因，其實不只是「害怕虧損」，而是整個投資生涯都充滿了「虧損」。

我所謂的「投資生涯」，不只是投資的財富盈虧，更包括了青春、健康、心智成長，以及與世界的價值關係。

多年經歷讓我終於明白：**任何操作上面的精神偏差，都源自於自己的心智缺失，而這些都是日積月累的宿弊，最終**

導致我們在操作時的精神緊張、壓力，甚至「偶而」的意外失常引發的虧損。

　　有了這一層的認識，我反而感覺前所未有的輕鬆，因為過去的我們，崇尚股市的財務自由，幻想股市操作將帶領我們進入天堂，但卻在實際的投資行為中屢屢陷入不安。然而，傲慢的人們不曾想到他的不安是源自於自己的心智缺失。

　　愈是自大傲慢的人，愈是把自己的個人經驗當成是「真實的股市」，認為股市一定會有這些不愉快的「勇士考驗」。於是無限上綱地誇大自己的戰果，認為自己已經鍛鍊出堅強的意志力、卓越的忍耐力，以及種種非凡的心智，所以才會打贏這場戰——殊不知他的「忍辱」恰恰反應出心智的脆弱。

　　你以怎樣的心態對待股市，股市就會以怎樣的心態回報你。最糟糕的是：操作者並不知道，或是不承認自己的心態。事實上，股市是一面誠實的鏡子，它誠實反映出操作者的真實心境，而操作者往往誤認這些心境變化是股市的風雲詭譎，殊不知這是自己心中的暗潮洶湧。

　　我們之所以不安、之所以無法達到真正的財務自由，是因為我們的無知與傲慢。誤認為挫折與痛苦是由外界帶來的，卻不曾意識到，真正的失敗其實源自於我們內心的無知與自滿。

台灣股市未來的展望

我個人認為：台灣股市，未來很有可能仿照美國的模式，整體的大方向雖然是持續往上，但每次的拉回幅度可能會較大，例如漲個80％，然後再跌個40％。此外，在拉回的時候，洗盤洗得很厲害，尤其是個股，調整會很劇烈，然後把大家的信心都洗掉了。

當信心動搖之後，很多人就忽略了長期的趨勢仍然向上的事實。換句話說，長期趨勢雖然往上，但是短線會有非常多的障眼法，干擾我們對於長期的信心。

台灣的未來，不論政治跟經濟，動盪是免不了的，只要大家做好心理準備，該用功的時候多用功，該加把勁的時候不要畏縮，相信這些難關最終都可以克服。

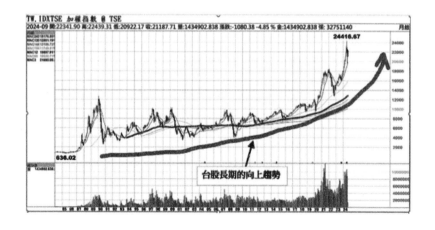

最後，我想對初入股市的新鮮人說：**永遠不要封閉自己，永遠不要自滿。永遠要保持好奇的求知慾，永遠要謙卑為懷。永遠不要害怕失敗，永遠不要被眼前的利潤或市場波動所迷惑**。那些恐懼的情緒都只是在提醒你還有很大的修行空間、還有更廣闊的天空，所以你必須振作翅膀，才能高飛，才能看得更遠。

　　共勉之。

散戶投資上手的第一本書

投資股市最該懂的 47 件事，教你買對賣對，抓住賺錢機會

作　　者　王力群
主　　編　李映慧、郭峰吾（三版）

總 編 輯　李映慧
執 行 長　陳旭華（steve@bookrep.com.tw）

出　　版　大牌出版／遠足文化事業股份有限公司
發　　行　遠足文化事業股份有限公司（讀書共和國出版集團）
地　　址　23141 新北市新店區民權路 108-2 號 9 樓
電　　話　+886-2-2218-1417
郵撥帳號　19504465 遠足文化事業股份有限公司

封面設計　萬勝安
排　　版　藍天圖物宣字社
印　　製　成陽印刷股份有限公司
法律顧問　華洋法律事務所　蘇文生律師

定　　價　420 元
初　　版　2014 年 6 月
四　　版　2025 年 1 月
有著作權　侵害必究（缺頁或破損請寄回更換）

本書僅代表作者言論，不代表本公司／出版集團之立場與意見

Copyright © 2025 by Streamer Publishing House, a Division of Walkers Cultural Co., Ltd.
All Rights Reserved

電子書 E-ISBN
9786267600306 (EPUB)
9786267600290 (PDF)

國家圖書館出版品預行編目（CIP）資料

散戶投資上手的第一本書：投資股市最該懂的 47 件事，教你買對賣對，抓住賺錢機會 /
王力群著 . -- 四版 . -- 新北市：大牌出版，遠足文化發行, 2025.01
296 面；14.8×21 公分
ISBN 978-626-7600-18-4（平裝）
1. 股票投資 2. 投資技術

563.53　　　　　　　　　　　　　　　　　　　　　113016161